KB038897

중장년 싱글세대의 소비 트렌드

이 도서의 국립중앙도서관 출판예정도서목록(CIP)은
서지정보유통지원시스템홈페이지(http://seoji.nl.go.kr)와
국가자료공동목록시스템(http://www.nl.go.kr/kolisnet)에서
이용하실 수 있습니다. CIP제어번호: 2018031608

중장년 싱글세대의 소비 트렌드

★ 인구감소사회의 소비와 행동

미우라 아츠시 지음
(주)애드리치 마케팅전략연구소 옮김

차례

발간사

    얼마 전 국내 가구 수가 2천만을 넘었고, 그중 1인 가구(28.6%) 및 2인 가구(26.7%)의 비율이 50%가 넘는다는 뉴스 보도가 있었습니다. 1인 가구 중에는 70세 이상 고령자 가구가 제일 많고 그 뒤는 30대, 20대, 50대, 40대, 60대 순으로 이어진다고 합니다(2018.8.27, 연합뉴스). 그러나 조만간 2위 이하의 순위는 역순으로 뒤바뀔 것입니다. 출생률이 낮아지고 노년층 인구가 많아지고 있는 것은 이미 진행되고 있는 사실이고, 여기에 더해 생애 미혼율(50세까지 한 번도 결혼한 적이 없는 사람의 비율)이 지속적으로 상승하고 있는 추세이기 때문입니다. 더욱이 이혼, 사별의 증가로 인해 중장년 1인 가구가 젊은 싱글보다 많아지는 것은 이제 시간문제입니다. 바야흐로 싱글족 전성시대, 특히 중년 이상의 싱글족이 늘어가는 시대에 기업과 광고는 어떤 준비를 해야 할까요?

    창립 13주년을 맞이하는 ㈜애드리치는 창립 이래 지금까지 변화하는 시대의 흐름에 항상 준비되어 있는 솔루션을 제공하기 위해 노력해 왔습니다. 그러나 변화의 속도는 우리의 생각 이상으로 빠르고 그것을 담아내는 사고방식, 생활양식 또한 빠르게 바뀌어가고 있습니다. 속도가 생존을 결정한다고 하지만, 우리는 속도에 보조를 맞추면서도 그 범

위와 깊이를 간과하지 않기 위해 사회 전체를 아우르는 키워드가 무엇인지를 늘 관찰하고 있습니다.

1인 가구의 증가는 사실 새삼스러울 것이 없는 일입니다. 그런데 이 현상의 이면에 있는 요인들, 즉 저출산, 고령화, 여성의 사회 진출, 만혼 등의 범위와 깊이를 보면 향후 인구구조 변화에 따른 세대별 특징과 소비 주체의 흐름을 알 수 있고, 그에 대한 준비를 할 수 있습니다. 우리보다 일찍 인구구조 변화를 겪은 일본에서는 인구가 적고 경기 호황을 경험해보지 못해 소극적 소비에만 치중한 젊은 세대에서 인구가 많고 거품경제 시대를 거치면서 풍요로운 소비 생활을 경험한 중년 이상의 세대로 소비 주체가 이동하고 있으며, 특히 늘어나는 싱글 중장년층을 타깃으로 마케팅 관점을 바꾸는 기업들이 많아지고 있습니다. 이는 우리 사회의 가까운 미래상이기도 합니다. 향후 중장년 싱글시대를 맞게 될 우리 기업 또한 지금까지와는 다른 마케팅 구도를 그려나가야 할 것입니다. 그러기 위해서는 지금까지 해왔던 시니어 마케팅 같은 지엽적 마케팅이 아니라 거시적 관점에서 중장년 싱글세대를 트렌드를 주도하는 소비시장의 주역으로 보고, 그 세대의 특징과 소비 패턴을 잘 파악하고 있어야 할 것입니다.

그런 의미에서 이 책은 좋은 참고서가 되어줄 것입니다. 비록 일본 싱글세대의 소비 특징이기는 하나 우리는 비슷한 문화권에 속해 있으므로 그리 이질적인 내용은 아닐 것입니다. 이 책을 통해 향후 소비 트렌드와 시장을 전망하고 흐름을 읽는다면 변화에 대비할 수 있을 것입니다. 언제나 변화의 속도에 뒤처지지 않도록 만반의 준비를 갖추고자 고군분투하는 많은 광고인과 마케팅 관련자들에게 조금이나마 도움이 되기를 바랍니다.

감사합니다.

(주)애드리치 대표이사 사장 김재훈

일러두기

이 책에 달린 각주는 모두 옮긴이가 달았다.

프롤로그

- 65세 이상 고령자 3514만 명(이 중 75세 이상 1747만 명, 80세 이상 1074만 명)

- 40세 이상 중년 7756만 명

- 20세 이상 미혼 2332만 명(이 중 40세 이상 868만 명)

- 40세 이상 사별·이혼·별거 1443만 명

- 40세 이상 미혼·사별·이혼·별거 2311만 명

- 싱글(1인 가구) 1842만 명(이 중 40세 이상 1157만 명)

- 미혼 패러사이트 중 40~50대 338만 명

이는 2015~2017년 「국세조사(國勢調査)」* 등의 통계에 나타난 지금의 일본 사회다. 중장년 세대가 증가하고 미혼자가 증가하고, 특히 싱글세대(1인 가구)가 증가하는 것은 일본의 미래 사회나 생활에 불안을 야기한다는 비관적 견해도 많다.

이미 그에 대한 논의는 충분히 해왔으므로 새삼 거론할 필요는 없고,

---

* 일본에 거주하고 있는 모든 사람 및 가구를 대상으로 인구, 세대, 산업구조 등에 대해 5의 배수가 되는 해에 실시하는 조사.

여기서는 통계적 수치를 바탕으로 좀 더 객관적으로 현상을 분석하고 장래를 예측하고자 한다.

중장년, 미혼, 1인 가구 등의 증가가 부담이라고 생각하면 비관적이지만 자원이라고 생각하면 낙관적으로 사태를 볼 수 있다. 따라서 어차피 우리 사회가 이들의 증가 추세를 막지 못한다면 이 책에서는 자원이라는 관점에서 현상을 보도록 하겠다.

특히 개인 소비시장의 관점에서 보면 싱글시장은 향후 더욱 확대될 시장이다. 싱글의 소비, 특히 젊은 세대보다 인구가 많은 중장년 싱글의 가치관, 행동, 소비를 눈여겨보지 않으면 시장의 흐름과 사회의 움직임을 알 수 없게 된다. 그래서 싱글의 소비 트렌드를 명확히 분석해보고자 하는 것이 이 책의 목적이다.

용어 정의

① '싱글'이라고 하면 미혼자라는 의미로 사용되는데 이 책에서는 미혼, 기혼, 사별, 이혼에 관계없이 '1인 가구'를 싱글로 표기하고 배우자 유무는 해당 사항에서 별도 표기한다.

② '패러사이트 싱글'은 부모에게 의존하여 사는 미혼의 자녀를 가리키지만, 최근에는 이혼, 사별 등의 이유로 싱글이 된 사람도 많기 때문에 이 책에서는 미혼, 이혼, 사별에 관계없이 부모에게 기대어 사는 사람을 패러사이트로 보고, 또한 자신의 자녀를 데리고 와서 부모에게 의존하여 사는 싱글도 포함한다.

③ '단카이(団塊) 주니어'란 제1차 베이비붐 세대였던 '단카이 세대'가 낳은 자녀들로 제2차 베이비붐 세대이다. 구체적으로는 매년 200만 명 이상 태어난 1971~1974년 출생자를 가리킨다. 단, 이 책에서는 1971~1979년 출생자를 단카이 주니어로 보겠다. 1974년까지는 단카이 주니어의 부모세대인 단카이 세대의 여성이 낳은 자녀가 많지만, 남성의 자녀는 1979년까지 이어지기 때문이다.

1 장

중장년 싱글시대가 도래했다

초(超)중장년 사회가 되다

이미 잘 알려진 바와 같이 일본의 인구는 감소하고 있으며 고령화가 진행되고 있다. 65세 이상의 고령자 수는 1985년에 1247만 명이었는데, 2015년에는 3346.5만 명으로 증가했다(2017년 9월 경로의 날 발표에서는 3514만 명).

중장년을 50세 이상으로 본다면 그 수는 1985년에 3281만 명, 2015년에는 5737만 명이나 된다(40세 이상을 포함하면 7576만 명).

2030년에는 65세 이상이 3685만 명, 50세 이상은 6259만 명이 된다. 일본은 초고령 사회로 돌진하고 있으면서 동시에 초중장년 사회가 되어가고 있다.

미혼인구 2600만 명, 사별·이혼·별거 인구 1830만 명

게다가 중장년 세대에 미혼 외에도 사별·이혼·별거 인구가 늘어나고 있다.

20세 이상의 미혼인구 추이를 보면 1985년에 1533만 명이었고 인구가 많은 단카이(団塊) 주니어*가 20대가 된 2000년에는 2244만 명으로 증가했다. 2030년에는 2566만 명으로 추산하고 있다.

사별·이혼·별거 인구는 1985년에는 952만 명, 2015년에는 1517만 명이었고, 2030년에는 1830만 명으로 증가할 것으로 보고 있다.

---

* 일본에서 1971~1974년에 출생한 세대. 제2차 베이비붐 세대라고도 한다. 제1차 베이비붐 세대를 단카이 세대(1947~1949년 출생)라고 하고 이 세대가 낳은 자녀를 일반적으로 '단카이 주니어'라고 한다. 이 책에서는 1971~1979년에 출생한 세대를 단카이 주니어로 한다(프롤로그에서 용어 정의를 참조).

이에 반해 20세 이상의 기혼인구는 1985년에 6012만 명, 2015년에는 6260만 명으로 약간 증가했지만, 2030년에는 5567만 명으로 감소하리라 예측하고 있다.

중장년이 되는 미혼들

미혼인구를 연령별로 보면 중장년층이 눈에 띄게 증가하고 있다. 35~59세의 중년 미혼자는 1985년에 258만 명이었는데 2000년에는 485만 명, 2015년에는 868만 명으로 3.4배나 증가했고, 단카이 주니어 모두가 40대가 되는 2020년에는 973만 명으로까지 증가할 것으로 추산하고 있다(도표 1-1).

또한 60세 이상의 시니어 미혼자는 1985년에는 31만 명에 지나지 않

도표 1-1／미혼인구의 추이와 예측(연령별)

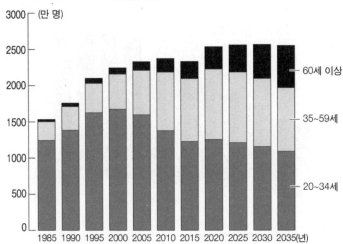

자료: 총무성 「국세조사」, 2020년 이후는 국립사회보장·인구문제연구소 「일본의 세대수의 장래추계」(2013년 1월 추계)를 토대로 저자 작성.

았지만 2000년에는 88만 명, 2015년에는 237만 명으로 7.6배나 증가했고, 단카이 주니어의 절반이 60대가 되는 2035년에는 584만 명까지 늘어날 것으로 보고 있다.

이혼·사별 인구가 증가하고 고령화되고 있다

이혼인구도 증가하고 있다. 남성의 이혼인구는 1985년에 75만 명이었는데 2015년에는 211만 명, 여성은 147만 명에서 349만 명으로 증가했다.

사별한 사람의 인구는 60세 이상의 남성에서는 1985년 90만 명에서 2015년에 154만 명으로, 여성에서는 506만 명에서 755만 명으로 증가했다.

도표 1-2 사별·이혼 인구의 추이와 예측(연령별)

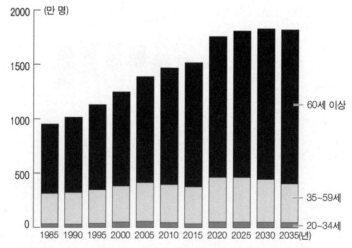

자료: 총무성 「국세조사」, 2020년 이후는 국립사회보장·인구문제연구소 「일본의 세대수의 장래추계」(2013년 1월 추계)를 토대로 저자 작성.

이혼과 사별 인구를 합산해서 향후 추이를 보면 60세 이상의 남성은
2015년 245만 명에서 2035년 327만 명으로 증가하고, 여성은 897만 명
에서 1090만 명으로 증가한다(도표 1-2).

싱글세대=1인 가구의 증가

세대수도 슬슬 감소하기 시작하는데 싱글세대, 즉 1인 가구는 당분간
계속 증가할 것으로 예상하고 있다. 감소하고 있는 세대는 부부+자녀
세대이다.

부부+자녀 세대는 2015년에 이미 1429만 세대로 줄었고, 1인 가구가
1842만 세대로 훨씬 더 많아졌다(도표 1-3). 게다가 1인 가구는 예측보다
더 많이 증가하고 있다.

도표 1-3／세대유형별 세대수의 추이와 예측

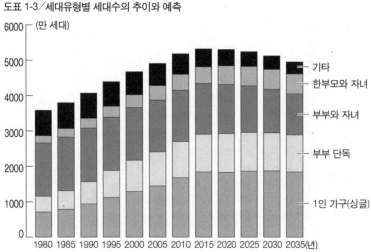

자료: 총무성 「국세조사」, 2020년 이후는 국립사회보장·인구문제연구소 「일본의 세대수의 장래추계」(2013
년 1월 추계)를 토대로 저자 작성.

2035년에 부부+자녀 세대는 1153세대가 되어 부부 단독세대인 1050만 세대와 거의 비슷한 수까지 감소할 것으로 예측되고 있다. 이제 일본의 가족형태는 싱글 중심이 될 것이다.

싱글세대도 부부세대도 고령화되고 있다

싱글세대, 부부세대, 부부+자녀 세대를 세대주의 연령별로 1985년부터 15년 주기의 추이로 살펴보면 어느 세대에서나 고령화가 진행되고 있다는 것을 알 수 있다.

싱글세대는 10대, 20대에서는 감소 경향인데, 55세 이상에서는 2배 이상 증가 추세이고, 특히 80세 이상에서는 급증하고 있다(**도표 1-4**). 이

도표 1-4／싱글세대 수의 변화(세대주 연령별)

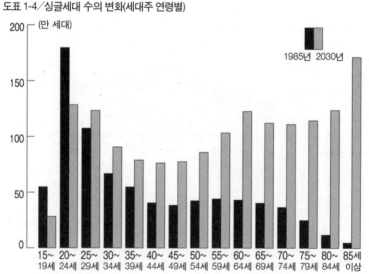

자료: 총무성 「국세조사」, 2030년은 국립사회보장·인구문제연구소 「일본의 세대수의 장래추계」(2013년 1월 추계)를 토대로 저자 작성.

전에는 싱글이라고 하면 젊은 사람들을 연상했으나 지금은 반드시 그렇다고 할 수 없으며, 오히려 중장년 싱글이 더 많다.

「국세조사」를 보면 지금으로부터 거의 30년 전인 1985년의 싱글 수(결혼 유무와 관계없이 혼자 사는 사람)는 790만 명이었는데, 1995년에는 1124만 명, 2005년에는 1446만 명으로 증가했고, 2015년에는 1842만 명이다. 그 이후에 다소의 증감은 있겠지만 2035년까지 대체로 1840만 명 전후가 될 것으로 추산하고 있다(국립사회보장·인구문제연구소 「일본 세대수의 미래추산 〈2013년 1월 추산〉」, 이하 추산은 동 연구소에 의함).

부부세대도 65세 이상에서의 증가가 매우 크다(도표 1-5). 또한 부부+자녀 세대도 이전이라면 30~40대의 부부와 어린 자녀가 있는 세대를 떠

도표 1-5／부부 단독세대 수의 변화(세대주 연령별)

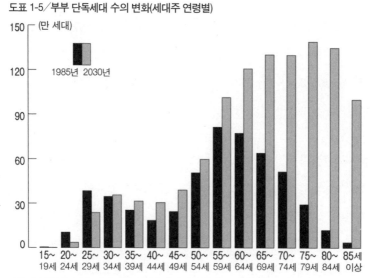

자료: 총무성 「국세조사」, 2030년은 국립사회보장·인구문제연구소 「일본의 세대수의 장래추계」(2013년 1월 추계)를 토대로 저자 작성.

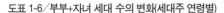

도표 1-6／부부+자녀 세대 수의 변화(세대주 연령별)

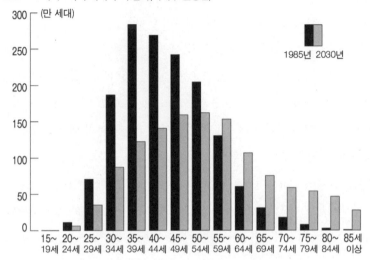

자료: 총무성 「국세조사」, 2030년은 국립사회보장·인구문제연구소 「일본의 세대수의 장래추계」(2013년 1월 추계)를 토대로 저자 작성.

올리겠지만, 현재는 세대주 연령이 55세 이상이면서 자녀가 25세 정도
인 세대, 또는 65세 이상의 세대주에 자녀가 35세 이상인 세대가 증가하
고 있다(도표 1-6). 나이가 35세가 넘었는데도 부모와 함께 생활하는 중년
패러사이트가 많아지고 있다는 것이다.

중장년층 중심의 싱글세대

  싱글 수의 추이와 예측을 연령별로 보면 15~34세의 젊은 싱글은
1985년에는 408만 명, 단카이 주니어 세대가 20대가 된 2000년에는 530
만 명으로 증가했다. 그러나 그 후에는 감소하고 있어 2015년에는 471
만 명, 2025년에는 420만 명, 2035년에는 366만 명으로 줄어들 것으로
보고 있다(도표 1-7).

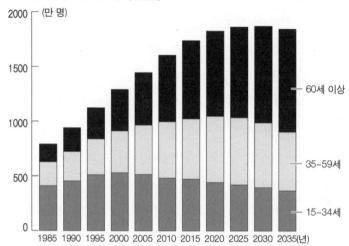

자료: 총무성 「국세조사」, 2030년은 국립사회보장·인구문제연구소 「일본의 세대수의 장래추계」(2013년 1월 추계)를 토대로 저자 작성.

이에 반해 35~59세의 중년싱글은 1985년에는 220만 명이었는데, 단카이 주니어 세대가 35세가 되기 시작한 2005년 이후에는 450만 명으로 2배 이상이 되었고, 2015년에는 552만 명, 2025년에는 613만 명으로까지 증가할 것으로 예측하고 있다.

그리고 60세 이상의 시니어 싱글은 1985년에는 161만 명에 지나지 않았는데, 2000년에는 379만 명, 제1차 베이비붐 세대인 단카이 세대가 60세를 넘긴 2010년에는 608만 명으로까지 급증했다. 2015년에는 714만 명, 제2차 베이비붐 세대가 60대가 되는 2035년에는 941만 명으로 추산하고 있다.

이처럼 이전에는 젊은 층이 주체였던 싱글세대가 지금은 중년층, 나아가 시니어층이 중심이 되고 있다.

사별이나 이혼에 의한 싱글인구의 증가

다음으로 배우자 관계별로 싱글인구를 살펴보자. 1985년의 싱글 중 미혼자는 511만 명이었는데 2000년이 되자 인구가 많은 단카이 주니어 세대로 인해 젊은 층의 미혼자는 747만 명으로 증가했다. 2015년에는 단카이 주니어 세대가 젊은 층에서 벗어났기 때문에 미혼자는 800만 명에 그치고 있다(도표 1-8).

한편 결혼을 했지만 사별에 의한 싱글이 증가하고 있다. 1985년에는 150만 명, 2000년에는 263만 명, 2015년에는 374만 명이나 된다.

이혼에 의한 싱글도 증가하고 있다. 1985년에는 71만 명이었는데 이혼건수의 증가에 따라 2000년에는 139만 명으로 배가 되었고 2015년에는 더욱 증가하여 226만 명이 되었다.

도표 1-8／싱글인구의 추이(배우자 관계별)

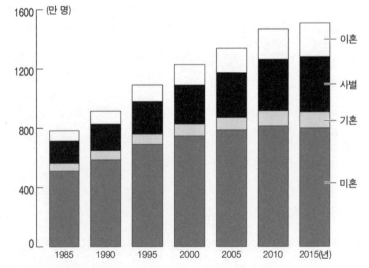

자료: 총무성 「국세조사」를 토대로 저자 작성.

이혼한 싱글은 60세 이상, 특히 65세 이상에서 증가 경향이 두드러진다. 예를 들어 1985년 65~69세 남성에서 이혼한 싱글은 1만 5200명이었는데 2015년에는 19만 9278명이나 된다.

동일한 연령대의 여성 이혼한 싱글은 2015년에 21만 4048명으로 남성보다 많다. 2015년의 65~69세는 단카이 세대이며 이 세대가 시니어의 싱글인구 증가를 견인하고 있다고 할 수 있다.

중장년 미혼싱글의 증가

그러면 35~59세의 중년층과 60세 이상의 시니어층 싱글인구의 추이를 배우자 관계별로 보도록 하자.

1985년 중년의 미혼싱글은 104만 명이었는데, 2000년에는 190만 명, 2010년에는 296만 명이었고, 2025년에는 3배 가깝게 증가할 것으로 예측하고 있다(도표 1-9).

중년의 이혼싱글은 1985년에 48만 명이었는데, 2010년에는 89만 명으로 거의 배로 증가했다.

시니어층에서는 1985년 미혼싱글이 13만 명이었는데, 2000년에는 45만 명으로 3배 이상 증가했고, 2015년에는 136만 명으로 10배 이상 증가했다(도표 1-10).

시니어층의 이혼싱글은 1985년에는 17만 명이었는데, 2000년에는 52만 명, 2015년에는 130만 명으로, 15년마다 약 3배 가까운 수치로 증가하고 있다.

시니어층의 사별싱글은 1985년에는 121만 명이었는데, 2000년에는 239만 명으로 거의 배로 증가했고, 2015년에는 360만 명으로 급증현상

도표 1-9／싱글인구의 추이(35~59세 배우자 관계별)

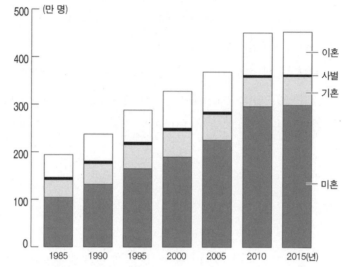

자료: 총무성「국세조사」를 토대로 저자 작성.

도표 1-10／싱글인구의 추이(60세 이상 배우자 관계별)

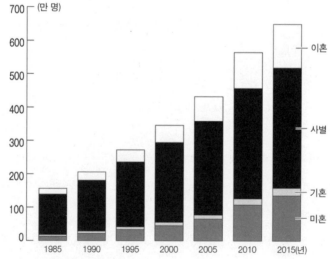

자료: 총무성「국세조사」를 토대로 저자 작성.

이 계속되고 있다.

한편 배우자가 있으면서도 혼자 사는 사람이 증가하고 있는데, 1985년에는 9만 명, 2000년에는 17만 명, 2015년에는 38만 명으로 2배씩 증가하고 있다. 배우자가 있는데 혼자 산다는 것은 60세 미만의 세대에서는 주말부부 또는 기러기 가족 등으로 볼 수 있고, 60세 이상이라면 법적으로는 아니지만 사실상 이혼한 부부로 추정된다.

패러사이트의 증가와 고령화

혼자 사는 것이 가능한 사람은 어느 정도 일정한 수입이 있다고 볼 수 있지만, 수입이 적거나 없어서 40세 가까이 되어도 부모와 함께 사는 사람들이 증가하고 있다.

총무성 통계연구소의 니시 후미히코(西 文彦) 연구관에 의하면 전국의 15~59세 미혼 패러사이트는 2016년 기준 1927만 명으로 추산된다(도표 1-11, 그래프는 20세 이상).

25~29세 미혼 패러사이트는 1980년에 245만 명이었는데 2000년에는 제2차 베이비붐 세대가 해당 연령대가 되었기 때문에 435만 명으로 증가했다.

같은 시기 30~34세에서는 미혼 패러사이트가 91만 명에서 195만 명으로 증가했고, 35~39세에서는 26만 명에서 97만 명으로, 40~44세에서는 13만 명에서 62만 명으로 증가했다.

그런데 2010년이 되자 젊은 인구의 감소에 따라 25~29세 미혼 패러사이트는 356만 명으로 감소하고, 30~34세에서는 232만 명으로 약간 증가하나, 35~39세에서는 181만 명, 40~44세에서도 114만 명으로 배

도표 1-11／미혼 패러사이트 인구의 추이(20~59세)

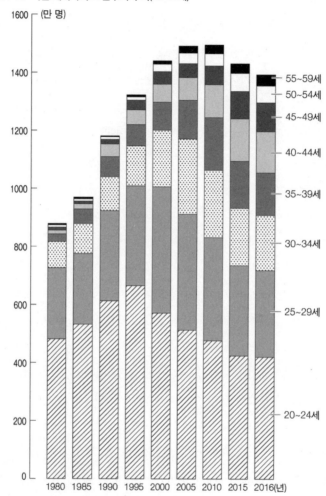

자료: 총무성 통계연구소 니시 후미히코 연구관의 추계.

가까이 증가세를 보이고 있다.

2010년에 35세 이상에서 미혼 패러사이트 인구가 크게 증가한 이유는 제2차 베이비붐 세대가 30대가 되었기 때문이다. 이 세대, 즉 단카이 주니어 세대는 비정규직 노동자의 비율이 높고 그 때문에 수입이 적어 부모로부터 독립할 수 없는 것이 원인 중 하나임은 틀림없다.

2015년이 되자 25~29세에서는 미혼 패러사이트가 311만 명으로 감소하고, 30~34세에서는 198만 명으로 감소, 35~39세에서도 162만 명으로 감소하는데, 40~44세에서는 146만 명으로 증가, 45~59세에서도 2010년 136만 명에서 2015년 190만 명으로 증가했다.

단카이 주니어 세대에는 미혼이나 패러사이트가 많다

단카이 세대 다음으로 인구가 많은 단카이 주니어 세대는 2015년 시점에 35~44세의 연령대가 되었다. 1980년대까지만 하더라도 이 나이에는 결혼해서 자녀가 두 명 정도 있는 것이 일반적이었는데 30년 사이에 양상이 크게 바뀌었다. 즉, 부모세대와 자녀세대 간에 상황이 엄청나게 달라진 것이다.

2015년의 35~44세 인구는 「국세조사」에 의하면 약 1805만 명, 그 가운데 471만 명이 미혼이며 기혼자는 1181만 명, 사별 및 이혼이 103만 명이다.

또한 미혼자 중 146만 명이 혼자 살고 있으며 패러사이트가 305만 명이다. 사별·이혼에 의한 패러사이트도 22만 명이나 있다.

미혼율 자체는 2010년에서 2015년 사이, 30세 전후에서는 상승세가 둔화되거나 혹은 하락하는 추세지만, 40세 전후에서는 상승세가 지속되고 있다. 인구가 많은 단카이 주니어 세대가 경제정세, 고용정세의 영향으로 30대에 결혼을 하지 못하고 미혼인 채로 중년을 맞게 되었기 때문이다.

  이상 보았듯이 최근 중년층·시니어층의 싱글, 특히 미혼싱글이 증가
하고 있으며, 또한 중년층의 패러사이트도 상당한 수치로 상승하고 있
다. 젊은 층의 인구감소와 중장년 싱글의 증가는 향후 소비시장과 사회
양상의 변화를 주도하는 핵심요소로 작용할 것이다. 따라서 그들의 실
체를 정확하게 파악하고 예측해둘 필요가 있다.

2 장

싱글세대의 소비: 젊은 남녀

퀴즈　　　　다음 A에서 F는 각각 특정 연령대 싱글의 과거 10년 정도의 소비 경향을 대표적으로 표현한 것이다. 어느 연령대의 남성인지, 여성인지 맞춰보기 바란다. 정답은 각 장의 본문에 있다.

A 연령대 : 소고기를 가장 많이 먹는다.
B 연령대 : 동물병원비가 4배 정도 증가했다.
C 연령대 : 의류 관련 지출이 이전에 비해 반감했다.
D 연령대 : 생선 구입 지출이 증가하고 있다.
E 연령대 : 자동차를 구입하는 금액이 10분의 1로 감소했다.
F 연령대 : 비저축형 보험이 가장 많다.

분석방법　　　　이 퀴즈는 다음과 같은 방법으로 계산한 결과를 바탕으로 하고 있다.

총무성의 「가계조사」를 토대로 1인 가구(근로자 세대)에 대해 2002~2006년(제1기), 2007~2011년(제2기), 2012~2016년(제3기)의 각 5년간 숫자에서 1년 평균 1인당 소비지출을 산출하고 그 증감을 본 것이다.

5년을 묶어서 본 이유는, 1년마다 지출을 비교하면 증감의 격차가 큰 품목으로 인해 전체 평균에 영향을 미칠 수 있어 격차를 없애기 위함이다. 식품이나 교통비, 통신비 등과 같이 매일 누구나 지출하는 기본적인 품목이라면 1년마다 보아도 그다지 격차가 없지만, 가전, 자동차, 가구 등 비교적 고가로 몇 년에 한 번밖에 구입하지 않는 품목은 가격인상 직전에 지출이 증가하는 경향이 있기 때문에 격차가 크다. 또한 1인 가구의 가계조사는 샘플 수가 각 연령별 100여 명대로 많지 않기 때문에 5년

간의 평균치를 비교하여 격차를 줄이고자 하는 것이다.

어디까지나 평균치이므로 모든 사람이 이와 같은 소비를 하는 것은 아니다. 많은 사람이 평균적으로 동일한 소비를 하는 품목이 있으면 어느 특정의 무리가 매우 많이 소비하고 다른 사람들은 전혀 소비하지 않는 품목도 있다. 하지만 이러한 특징도 싱글세대의 소비 성향을 파악하고 그 흐름을 읽는 데 도움을 줄 것이라고 생각한다.

1인 가구의 가계를 분석하면 소비 트렌드를 알 수 있다

1인 가구(=싱글)의 가계소비 변화를 분석하면 싱글 외의 세대에 대해서도 향후 트렌드를 예측하는 데 도움이 된다.

예를 들어 55세의 남편과 53세의 아내, 27세의 아들과 25세의 딸이 있는 4인 가족의 경우, 그들은 거의 각자가 싱글로서 소비를 하고 있으며 주택과 관련한 공동비용 등을 제외하면 혼자 살고 있는 싱글의 소비 트렌드와 별로 다르지 않다.

또한 「가계조사」에서 2인 이상의 가구지출을 분석하면 싱글의 소비 특징과 중복되어 그 가구만의 특징이 잘 드러나지 않는다.

그래서 싱글의 소비를 분석하는 의미가 있다. 싱글의 소비를 자세히 들여다보면 최근의 소비 트렌드 전반을 이해할 수 있고 장래를 예측하는 힌트를 얻을 수 있다.

그러면 우선 젊은 싱글남성(34세 이하)의 소비 트렌드를 보도록 하자.

젊은 싱글남성(34세 이하)

— 요리하는 남성이 증가, 주부화
— 식사는 안주풍, 모쓰니코미* 우동
— 외출은 안 하지만, 마사지, 목욕, 피부관리 증가
— 중년화, 여성화

젊은 싱글남성의 소비 키워드
1. 직접 요리하는 경향이 증가, 주부화
2. 자택에서의 식사메뉴는 전통식
3. 자택에서의 식사메뉴는 안주풍
4. 옷은 격식 없이
5. 피부관리, 미용, 청결 지향, 여성화
6. 마사지, 목욕, 중년화
7. 인테리어 중시, 홈바디(homebody)**화, 니토러***화

지출이 26만 엔이나 감소, 식비 비중이 증가

우선 34세 이하 싱글남성의 소비지출을 보자. 소비지출 총액을 5년 간격의 평균치로 보면 제1기(2002~2006년), 제2기(2007~2011년), 제3기(2012~2016년)는 각각 217만 3505엔, 207만 2403엔, 191만 4964엔으로, 제1기에서 제3기까지 26만 엔 가깝게 감소하고 있다. 지출의 감소율은 젊은 남성과 중년남성에서 크게 나타나고 여성의 경우는 시니어층에서 높게 나타나고 있다.

식비는 제1기, 제2기, 제3기 각각 61만 670엔, 57만 4871엔, 58만 1077엔이며 제1기에서 제2기 사이에는 감소했지만 제2기와 제3기는 비

---

* 모쓰니코미나베(もつ煮込み鍋)라는 명칭으로 한국에 알려진 일본 곱창요리. 주로 술집에서 먹는 메뉴이나 가정에서 밥 반찬, 전골요리로도 즐겨 먹는다.
** 집에 있는 것을 좋아하는 사람을 의미한다.
*** 이케아(IKEA)와 비슷한 일본의 대형 인테리어 소매기업인 니토리(ニトリ)의 아이템을 인테리어에 잘 활용하는 달인을 가리킨다.

숫하다. 제2기와 제3기가 제1기에 비해 소비지출 총액이 줄었는데도 식비가 거의 비슷하기 때문에 소비지출 전체에서 식비의 비율은 상승했다고 볼 수 있다. 제2기에서는 27.7%이고, 제3기에서는 30.3%이다.

외식 줄고 조리식품 증가

식비를 외식, 조리식품, 기타(신선식품 등의 식재료)의 세 부분으로 나누면 젊은 남성층에서는 외식이 줄고 조리식품과 기타가 증가하고 있다. 즉, 편의점이나 슈퍼마켓 등에서 식재료를 구입하여 직접 요리하는 남성이 많다는 것이다.

면류 증가

식비를 세부 품목별로 보면 증가율이 높은 것은 면류이며, 특히 생우동과 소바가 제1기를 1로 보았을 때, 제2기는 1.29배, 제3기에서는 1.61배 증가했다. 금액 면에서도 제1기는 5935엔, 제3기는 7311엔으로 증가했고, 이는 제3기의 쌀 구입비 3084엔보다 2배 이상 많다.

또한 컵라면은 제1기에서 제3기까지 1.47배 증가했으며, 빵은 변동이 없다. 스파게티는 제1기에서 제3기까지는 1.34배 증가했지만 제2기에서 제3기는 감소했다.

즉, 식사용으로 생우동, 소바가 가장 순조롭게 증가하고 있다. 이는 집에서 직접 요리하고 있다는 것을 보여주는 현상이다. 밥을 하면 항상 남게 마련이다. 그러나 면이라면 그때그때 먹고 남기지 않기 때문에 이러한 점이 소비 증가로 이어졌을 것이다.

'기타 곡류'도 증가하고 있다. 기타 곡류는 빵가루, 핫케이크 가루, 오코노미야키 가루 등을 가리키는데, 역시나 집에서 요리하는 사람이 늘어나고 있다는 것을 말해준다.

연근 소비의 증가

면류의 증가에 따라 부재료인 채소도 증가하고 있다. 양배추는 1.39배, 배추 1.96배, 콩나물 1.24배, 당근 1.29배, 우엉 1.5배, 호박 1.96배, 연근은 4.65배나 증가했다.

연근이라고 하는 소박한 재료가 이렇게 급증하고 있다는 사실이 의아스럽기만 한데, 제1기에서 제2기는 2.22배, 제2기에서 제3기는 2.09배로 착실히 증가하고 있고, 뒤에서 다루게 될 다른 연령대에서도 동일하게 증가하고 있다. 이 글을 쓰고 있는 중 때마침 ≪NHK 오늘의 요리≫의 최신호(2017년 10월호)가 발행되었는데, 특집이 '연근반찬 대백과'이다. 뿌리채소 중에서도 인기가 높아 "조리법에 따라 요리가 무궁무진"이라고 소개하고 있다. 역시 지금은 연근이 대세인가 보다.

곱창전골 & 우동으로 식사

육류는 돼지고기와 닭고기가 증가하고 있다. 제1기에서는 돼지고기가 2051엔, 닭고기가 1147엔, 소고기가 1483엔이었지만, 제3기에서는 돼지고기가 3194엔, 닭고기가 1876엔으로 증가한 데 반해 소고기는 1474엔으로 거의 변동이 없다. 가격이 저렴한 돼지고기나 닭고기로 이동한 것이다. 제1기에서 제3기까지의 증가율을 보면 돼지고기가 1.56배, 닭고기가 1.64배이다.

흥미로운 것은 '기타 육류'가 1.9배 증가했다는 사실이다. 이는 곱창을 가리킨다. 돼지고기, 닭고기, 곱창에 채소와 우동이 증가했다는 것은 곱창전골로 식사를 하는 경향이 증가했다는 의미다.

기타 육류는 중년여성을 제외한 다른 연령층에서도 증가하고 있는데 젊은 남성의 증가율이 가장 크다. 금액 면에서는 아직 적지만 향후 더욱 늘어날 가능성이 있다.

또한 소시지, 베이컨, 치즈는 제1~3기에 1.3배 증가했다. 다른 연령대에서 증가하고 있는 요구르트는 젊은 남성에서는 큰 변동이 보이지 않는다.

'주부화'되어가는 젊은 남성

생선류에서는 정어리, 연어, 고등어, 대구알 등 비교적 저렴하고 기본적인 반찬이 되는 품목이 제1기에서 제3기까지 1.2배에서 1.9배 정도 증가했다.

생선 절임이나 조림, 캔 제품 등의 소비도 증가했고, 특히 조림은 2.2배나 증가했다. 가다랑어포(가쓰오부시)도 1.68배 증가했는데, 가다랑어포가 증가한 연령대는 젊은 남성뿐이다.

조개류도 대체로 증가하고 있는 추세다. 바지락 1.78배, 제첩 1.42배, 굴 1.43배, 가리비 1.28배, 기타 조개류가 3.35배 증가했다.

이렇게 보면 젊은 남성층이 주로 전통 일본식으로 식사를 한다고 생각할 수도 있지만, 다른 측면으로는 봉골레 등의 파스타에 넣는 재료로서 조개류가 인기를 얻고 있는지도 모른다.

한편 최근 들어 '제철 고등어 요리 전문점 SABAR', '고등어 Nanoni' 등과 같이 고등어 요리 전문점이나 체인점이 많이 생겨나고 있다. 이런 곳에서의 외식 경험이 생선류의 소비 증가에 영향을 미쳤을 가능성도 있다.

자, 그러면 앞의 퀴즈에서 젊은 남성이 어디에 해당하는지 알 수 있을 것이다. 바로 D 연령대이다.

유튜브나 웹툰을 통해 국물 맛에 눈뜨다

제1기를 1로 보았을 때 제3기까지 식용유 1.31배, 소금 1.15배, 간장 1.2배, 건조스프 1.19배, 풍미 조미료 1.68배, 후리가케 1.43배, 소스(쓰유, 다레)가 1.69배 증가했다. 또한 마요네즈, 마요네즈풍 조미료는 제2기에서 제3기에 1.5배, 드레싱도 제2기에서 제3기에 1.82배로 증가했다. 풍미 조미료란 콘소메 스톡, 가다랑어 육수 등을 말한다.

최근에는 유튜브나 웹툰의 영향으로 직접 국물을 내거나 생선을 손질하는 것에 흥미를 가지는 남성이 증가하고 있다. 모바일 웹툰에 '미소시루(味噌汁)*로 건배!'라는 작품이 있다. 언제나 편의점 삼각김밥과 즉석 된장국으로 아침식사를 하는 아빠와 아들만 있는 가정. 이런 두 남자를 못 본 체할 수 없던 아들의 소꿉친구가 아침밥과 된장국을 만들어주게 되고 그러면서 점점 더 본격적으로 된장국의 국물 맛 내는 방법을 찾아간다는 이야기다.

또한 만화잡지 ≪비즈니스 점프≫에서는 2009년부터 '육수 마스터'라는 만화가 연재되고 있다. 궁극의 국물 맛을 내는 전설의 출장 요리사가

---

* 일본식 식사에서 밥과 함께 놓는 맑은 된장국. 특히 아침식사에서 빼놓을 수 없는 아이템이다. 각 가정마다 된장국의 국물 맛을 내는 방법이 달라 흔히 '엄마의 맛'을 대표하기도 한다.

다양한 식습관을 가진 의뢰인들의 요구에 맞춰 요리를 하면서 사람들 간의 정을 표현한 이야기다.

그러고 보니 나의 아들도 어느 날 갑자기 다시마나 가다랑어포로 된 장국의 국물을 내기 시작했다. 아내가 일을 시작하면서 저녁식사를 차려주지 못하게 된 것을 계기로(아내는 시판되고 있는 육수를 사용했다) 본인이 직접 된장국을 만들어 먹으려고 하다가 육수 내는 방법을 몰라서 유튜브나 웹툰을 보고 연구한 것 같다.

이런 이야기를 어느 대기업의 여성임원에게 말했더니 그녀의 아들은 유튜브에서 또래의 남성이 생선을 손질하는 영상을 보고 자기도 해보고 싶다고 말했다고 한다.

유튜브나 웹툰이 올바른 식생활을 하도록 계기를 마련해준다면 좋은 일이 아니겠는가.

한편 기타 조미료도 제1~3기에 1.25배로 증가했다. 기타 조미료란 후추, 머스터드, 라유, 굴소스, 초된장, 타바스코 소스, 마파두부 소스, 절임소스 등을 말한다. 이렇게 보면 젊은 남성은 각종 향신료, 조미료 등을 써가면서 일본식, 양식, 중식, 에스닉 등 다양한 요리를 만들고 있는 것 같다.

기타 조미료는 다른 연령대에서도 증가하고 있고, 특히 젊은 여성에서 1.47배, 중년남성에서 1.45배로 증가율이 높다. 중년여성과 시니어 여성에서의 증가는 1.3배 이하지만 금액은 5천 엔 이상으로 높은 편이라 하겠다.

저렴하면서 맛있는 레시피가 팔린다

2017년 2월에 출간된『세상에서 가장 맛있게 달걀 삶는 법, 집밥 1인분 100레시피』가 24만 부나 팔린 베스트셀러가 되었다(2017년 9월 26일 시점). '100레시피 중 절반 이상이 100엔 이하!'라는 것이 이 책의 셀링 포인트다. 식재료는 슈퍼마켓에서 간단히 구입할 수 있는 것이며 1엔 단위로 가격을 명기해놓았다. 광고문구에는 '혼자 하는 식사를 가장 즐겁고 맛있는 시간으로 만들어주는 최고의 책'이라고 되어 있다. 말 그대로 젊은 남성을 주 타깃으로 삼은 레시피북이라고 할 수 있다. 그런데 독자 중에는 중년여성도 많다고 한다.

차를 즐기다

일본차, 홍차 외에 기타 다류가 2.45배 증가했다. 기타 다류란 현미차, 표고버섯차, 보리차 등을 말한다.

다만 금액 면에서는 145엔으로 역시 젊은 남성층에서 차 소비는 그리 많지 않다. 기타 다류의 소비가 많은 세대는 중년여성, 시니어 여성이며 금액은 800엔 이상이고, 젊은 여성에서는 417엔이다. 중년 이상 여성에서 금액이 높은 이유는 미용과 건강을 위해 비파잎차 등의 건강차를 즐겨 마시고 있기 때문이다.

요리도구 증가

주방용품도 증가하고 있다. 냄비, 주전자가 3.54배, 기타 주방용품도 1.32배 증가했다.

기타 주방용품은 식칼, 도마, 가위, 계란 분리기, 강판, 계량컵, 계량

스푼 등이 포함되며, 이를 통해서도 젊은 남성이 여성만큼이나 요리에 신경 쓰고 제대로 요리하고 있다는 것을 다시 한 번 알 수 있다.

중화소바, 고깃집 외식이 최고

집에서 요리하는 경향으로 인해 식재료를 비롯한 필요한 주변요소들의 소비는 증가하고, 반대로 외식비는 제1기에서 제3기까지 0.87배 감소했다. 그러나 금액은 31.7만 엔으로 다른 연령층에 비해 높다.

그중 중화소바는 1.1배 정도 증가했지만 금액은 1만 7119엔으로 높은 편이고, 고깃집도 1만 5474엔으로 높다(고깃집 외식비는 2015년에 새롭게 추가된 항목이므로 증가율 불명).

기타 외식비는 8만 8674엔이며 이는 주로 도넛, 오코노미야키, 피자 등이다. 피자는 아마도 배달피자가 주류를 이룰 것이다.

과일은 감소

과일은 감소 경향에 있다. 증가하고 있는 품목은 오렌지 2.32배, 수박 1.4배뿐이고, 사과, 귤, 자몽, 배, 포도, 복숭아는 감소하고 있다. 껍질 벗기는 것이 귀찮다는 이유도 있지만 무엇보다 가격이 비싸다는 게 가장 큰 감소요인이다.

요리하는 남자가 증가하고 있는데 껍질 벗기는 것을 귀찮아한다는 것이 모순된다고 생각할 테지만 이는 요리하는 것과 상관없는 다른 타입의 젊은 남성의 특징을 나타낸 것이다.

안주풍의 식사메뉴

조리식품은 1.07배 정도 증가했으며 조리빵, 기타 식사용 조리식품, 샐러드, 튀김, 닭꼬치, 햄버거, 냉동 조리식품, 기타 조리식품 등에서 증가세를 보이고 있다.

기타 식사용 조리식품이란 중화찐빵(고기찐빵, 팥찐빵, 카레찐빵 등), 오코노미야키, 다코야키, 각종 그라탕, 레토르트 식품(볶음밥, 죽)이다.

기타 조리식품은 콩조림, 우엉조림, 연근 식초절임, 꽁치구이, 훈제닭, 구운 소시지, 미트볼, 달걀두부, 냉동식품, 캔 조리식품(카레, 수프 등) 등이다. 주로 편의점에서 구입하고 있는 것으로 추측된다.

이렇게 보니 젊은 남성의 식사가 마치 술집의 안주 같은 메뉴로 구성되어 있다. 지금의 젊은 세대는 어릴 때 부모를 따라 술집에 자주 드나들던 세대이다. 그 영향이 현재의 식생활에 나타나고 있는 것은 아닐까?

그러나 주류는 전체적으로 0.9배 감소했다. 특히 위스키는 거의 마시지 않고, 소주, 맥주도 0.6배 가깝게 줄었다.

반면 와인은 1.39배, 발포주 및 맥주풍 알코올 음료는 1.56배, 기타 주류도 1.67배 증가했다. 기타 주류는 추하이, 칵테일 등이다.

요리하는 남성은 인기가 있다

요리하는 젊은 남성이 증가하고 있는 이유가 여자친구가 없는 남성이 많기 때문이라고 생각하는 사람이 있을지도 모르겠다.

그래서 미쓰비시(三菱)종합연구소*의 '생활자시장예측시스템'** 2016

* 일본 미쓰비시 그룹이 창립 100주년을 기념하여 설립한 싱크탱크, 시스템 개발회사.

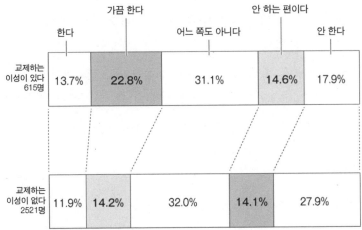

도표 2-1／현재 요리를 직접 하는가?(20~34세 미혼남성, 교제 중인 이성의 유무별)

	한다	가끔 한다	어느 쪽도 아니다	안 하는 편이다	안 한다
교제하는 이성이 있다 615명	13.7%	22.8%	31.1%	14.6%	17.9%
교제하는 이성이 없다 2521명	11.9%	14.2%	32.0%	14.1%	27.9%

자료: 미쓰비시종합연구소「생활자시장예측시스템」(2016).

년판을 참고 삼아 교제 중인 이성의 유무별로 20~34세의 미혼남성이 직접 요리를 하는지에 대해 집계해보았다(도표 2-1).

그 결과, 교재 중인 이성이 있는 남성에서 직접 요리하는 사람이 많고 이성이 없는 남성 쪽은 요리하는 사람이 적다는 사실을 알게 되었다.

요리는 여자친구가 없는 남성이 할 일이 없어서 하는 것이 아니라 오히려 여자친구가 생기는 하나의 조건이 되고 있다고 한다면 너무 확대해석하는 것일까?

** 정량조사와 정성조사의 두 조사 데이터로 구성된 생활자 정보 데이터베이스. 정량데이터는 3만 명의 패널에게 2천 개에 이르는 설문을 하는 일본 최대급 '설문패널'을 통해 수집하고, 정성데이터는 온라인 커뮤니티 등에 게시되어 있는 글들을 분석하는 'MROC 패널'을 통해 수집한다.

세탁남자

기타 가사용 소모품이 1.82배 증가했다. 기타 가사용 소모품은 섬유 유연제, 방향제, 랩 등이다.

세탁용 세제도 1.67배 늘었다. 이들 품목은 다른 연령대에서도 증가하고 있는 것들이다. 세탁을 좋아하는 '세탁남자'라는 용어가 생겨날 정도로 최근 세탁을 자주하는 남성이 많고, 이들은 옷을 입었을 때의 주름까지 신경 쓰면서 건조시킨다고 한다.

또한 가사와 관련한 학원비가 18배 증가한 것으로 보아 요리교실 등에 다니는 젊은 남성이 많아졌다고 할 수 있다.

가사 대행 1.51배, 청소대행이 1.66배 증가했으며 이를 통해 가사 서비스를 이용하는 젊은 남성도 증가하고 있다는 것을 알 수 있다.

한편 특이하게 수공예 재료가 2.36배 증가했다.

자동차를 타지 않고, 여행을 하지 않고, 외출을 하지 않는다

감소율이 큰 품목은 자동차와 관련한 비용으로 0.62배, 7만 2758엔이나 감소했다. 자동차 구입률 감소가 최대 요인이며 자동차 구입비도 3만 7379엔에서 3만 6129엔으로 0.16배, 즉 6분의 1로 감소했다. 반대로 자전거 구입비는 1.56배 증가했다.

교통비도 2만 1572엔 감소했는데, 특히 유료 도로비가 8523엔 감소했다. 패키지 여행비는 2만 5987엔에서 1만 5618엔으로 감소했고, 특히 해외 여행비는 0.53배로 절반 정도 뚝 떨어졌다.

영화, 연극, 스포츠 등의 입장료, 관람료, 게임료도 3만 8605엔 감소했다. 무엇이든 스마트폰으로 충족되는 시대에는 오락도 스마트폰으로 즐기는 것 같다. 사람이 이동하지 않게 되고, 외식이 줄어든 것도 이와 관련이 있을 것이다. 외출하지 않고 집에만 있는 '홈족'의 탄생 배경도 어쩌면 이 때문인지 모르겠다.

다만 온천·목욕탕 비용은 2.09배 증가했다. 일반 목욕탕 수는 점점 줄고 있는데 목욕탕 비용이 증가한다는 것은 시설이 좋은 대형 목욕탕에 가는 사람이 증가하고 있다는 것이다. 이는 단지 씻기 위한 목적이 아니라 건강한 휴식을 위해 온천이나 대형 목욕탕을 이용하고 있다는 의미다.

새로 구입하지 않고 수리해서 사용

가전에서는 TV가 0.21배, 금액 면에서는 5분의 1로 감소했다. 이도 역시 컴퓨터, 스마트폰의 영향일 것이다. 실제 젊은 세대에서는 TV를 가지지 않는 것이 당연시되고 있기까지 하다.

그렇다고 통신비가 증가한 것은 아니다. 고정 전화를 가진 사람이 점점 줄고 있기 때문에 통신비도 1만 6723엔 감소한 것으로 나타났다. 스마트폰 구입비용도 업체 간 가격인하 경쟁 덕분에 감소하고 있다.

반면 가전 수리비가 3.45배 증가했다. 컴퓨터, TV 등이 고장 나도 곧바로 새것을 구입하지 않고 수리해서 사용하고 있는 것이다.

수리한다는 것은 그래도 돈을 쓴다고 볼 수 있지만, 최근에는 다른 사람으로부터 얻어서 쓰는 경우도 증가하고 있다.

자격증 취득 공부

또한 서적 및 기타 인쇄물이 4만 5932엔에서 2만 8938엔, 0.63배 감소했다. 특히 신문, 잡지(주간지 포함)는 0.42배의 감소를 보였는데, 스마트폰으로 신문, 잡지, 만화를 읽는 시대라는 것을 극명하게 보여주는 수치가 아닐까 싶다.

한편 기타 교육 목적의 학원비가 50배로 급증했다. 이는 손글씨, 회계, 컴퓨터 등의 학원비로 자격증 취득을 위한 공부가 증가하고 있다는 것을 말해준다. 출판 불황 속에서도 자격증 관련 책이 굳건하게 팔리고 있다고 하니 말이다.

쿨비즈, 웜비즈의 영향

흥미로운 것은 양복은 제1기에서 제3기까지 0.94배로 미세하게 감소했는데, 셔츠, 스웨터는 1.07배 증가했다. 이는 쿨비즈로 인해 넥타이를 하지 않거나 재킷을 입지 않게 된 대신 넥타이를 하지 않아도 멋있어 보이는 셔츠를 입고, 혹은 셔츠 위에 스웨터를 입는 웜비즈의 영향 때문으로 보인다. 쿨비즈, 웜비즈로 인해 편하면서도 멋을 낼 수 있는 복장을 선호하는 경향을 보이고 있다.

또한 남성용 코트가 2배 이상 증가했는데, 이는 티셔츠 위에 재킷이 아니라 코트를 입는 최근의 유행을 반영하고 있다. 이런 세세한 유행까지 매우 정확히 숫자에 반영되는 것이 1인 가구 소비지출 조사의 재미있는 점이라고 할 수 있겠다.

여자친구에게 옷을 선물하지 않는다

여성용 정장이 0.46배, 여성용 스웨터는 0.36배, 여성용 블라우스는 0.04배로 크게 감소했다. 즉, 지금의 젊은 남성은 여자친구에게 옷을 사주지 않는다. 물론 블라우스를 입는 여성이 줄어든 영향도 있을 것이다. 참고로 시니어 남성의 여성의류 관련 지출은 증가하고 있다. 이에 대해서는 뒤에서 보도록 하자.

그런데 여성속옷 지출은 증가하고 있다. 이유는 모른다.

또한 아디다스, 나이키, 파타고니아 등 스포츠, 아웃도어 브랜드의 인기 때문인지 운동화가 1.82배 증가했다. 장갑도 2.13배 증가했는데 이에 대해서도 이유를 알 수 없다.

니토리와 이케아의 영향?

주거비는 일반주택 월세가 2만 2538엔 감소했고 사택이나 관사 등의 월세는 1만 2064엔 증가했다. 집을 빌리는 사람이 줄고 사택, 기숙사 등에 사는 사람이 증가하고 있다고 볼 수 있다.

응접세트(테이블 없이 소파 단품도 포함)는 4.36배, 침대는 2.29배, 기타 실내소품은 1.89배 증가했다. 기타 실내소품이란 노렌(のれん, 가리개 커튼), 발, 파티션, 전신거울, 방석, 쿠션, 벽걸이 시계, 탁상시계 등을 말한다. 가리개 커튼, 발 등은 최근 젊은 남성의 일본풍 인테리어 지향이 반영된 것이다.

그리고 혼자 사는 젊은 남성이 응접세트까지 구입한다고 보기는 어렵기 때문에 대개는 테이블 없이 소파만 구입한 것으로 여겨진다.

응접세트나 침대의 소비 증가는 제1기에서 제2기까지는 중년남성에서 보이던 경향이었는데 제2기에서 제3기에는 젊은 남성에서도 증가현상이 나타나게 된 것이다. 그 이유는 알 수 없으나 아마도 니토리나 이케아, 무인양품(無印良品) 같은 저가 가구점이 전국적으로 확대되었기 때문일 수도 있다. 최근에는 니토리에서 빈번하게 쇼핑하는 사람을 '니토리'라고 하는데 혼자 사는 젊은 남성의 니토리화가 진행되고 있다.

마사지로 힐링, 소비의 중년화

보건의료비가 1.21배, 그중 의약품이 1.22배, 보건의료 서비스가 1.39배 증가했다. 보건의료 서비스 중 기타 보건의료 서비스는 2.7배 증가했다.

기타 보건의료 서비스란 주로 마사지를 가리키며 제3기에 4138엔이 소비되고 있다. 이는 치과 진료비 2920엔을 넘는 금액이며 의료진료비 6243엔에 이르는 금액이다. 마사지숍에 가는 젊은 남성이 증가하고 있는 것이다.

이전에는 34세 이하의 나이에 마사지숍을 이용하는 것은 아저씨 같은 이미지 때문에 생각도 하지 못한 일이었고, 또 마사지숍이 거리에 이렇게나 많이 없었기 때문에 이용이 쉽지도 않았다. 어찌 되었든 본래 중년이나 시니어를 타깃으로 하는 비즈니스가 젊은 층에까지 확대되고 있으며, 이는 젊은 세대의 이른바 '소비 중년화'를 보여주는 한 예라고 할 수 있겠다.

피부관리와 목욕탕

헤어 커트비와 기타 미용비도 증가하고 있다. 기타 미용은 피부관리, 대규모 온천시설의 입장료나 타월 대여료 등을 말한다. 피부관리에 신경 쓰는 젊은 남성층이 많아지고 있는 모양이다.

도쿄의 오오이마치(大井町)라는 동네에 대형 목욕탕이 하나 있는데, 어느 평일 오후 3시경에 가봤더니 의외로 매우 붐비고 있었다. 게다가 30

대 정도의 남녀가 많았다. 그것은 곧 그들이 정사원이 아니라는 것이다. 그들은 비정규직이거나 시간 교대제의 근무자일 가능성이 높다. 오오이 마치는 도심에서 가깝기 때문에 도심기업에 근무하는 비정규직 근로자가 이용하기 편리하다.

미용은 중요

또한 칫솔, 치약, 샴푸, 린스, 헤어트리트먼트, 발모제, 스킨, 로션, 크림 등의 소비도 증가하고 있다. 외모를 가꾸는 데는 돈을 아끼지 않는 듯하다. 혹은 청결 지향의 증대라고도 해석할 수 있겠다. 칫솔은 최근 치주질환 예방 등의 기능성을 내세우면서 다기능화, 다양화로 가격을 올리고 있기 때문에 증가현상이 나타난 것일 수 있다.

앞서 기타 가사용 소모품이 증가하고 있다고 했는데, 여기에는 방향제, 탈취제도 포함되어 있다. 이도 역시 청결 지향, 악취를 제거하고자 하는 경향이 드러난 것이다.

한편 발모제는 젊은 남성층에게 숨어 있는 히트상품이다.

✎ 실태 리포트

— 남성 30세(전 IT기업 근무)

1년 전에 대형 IT기업을 그만두고 지금은 부모님 집에 살면서 일정한 비용을 받고 요리와 디저트를 만들어 사람들에게 제공하는 출장요리를 하고 있습니다.

원래 요리하는 것을 좋아했는데, 회사생활을 할 때 선배나 동료가 매일 편의점 도시락을 먹는 것을 보고 이래서는 안 되겠다 생각하고 회사

를 떠날 결심을 한 것이죠. 그래서 채소 등의 재료는 철저히 저농약이나 무농약의 것을 쓰고 시간을 들여 제대로 만든 요리를 다른 사람들과 함께 나누는 지금의 생활이 매우 마음에 듭니다.

물론 거의 수익이 나지 않기 때문에 회사 다닐 때 모아두었던 저축을 1년 만에 다 써버리고 말았습니다. 그래서 얼마 전부터는 호텔 연회장의 요리 준비 아르바이트도 시작했습니다. 언젠가는 레스토랑 같은 것을 운영하고 싶다…는 것은 아니고, 다양한 곳에서 내가 만든 요리를 모두와 함께 먹으면서 즐거운 시간을 보내는 출장요리가 나에게 가장 잘 맞는 것 같습니다. 제대로 벌이가 될 수 있을지는 미지수지만 시대적으로는 이러한 방식으로도 살아갈 수 있게 된 것 같은 생각이 듭니다.

요리재료는 지금 유행하고 있는 파머스 마켓(farmer's market) 같은 곳에서 구입하거나 농가와 직거래하기도 하는데, 품질을 우선으로 생각하다 보니 가끔 비용이 초과될 때도 있습니다. 그래도 품질은 양보할 수 없는 부분입니다.

디저트는 정밀한 계량과 순서가 필요하고 계산을 하면서 만드는 작업이라 좀 까다롭지만, 과거 시스템 엔지니어로 일했던 나의 적성과 잘 맞습니다. 인스타그램에 올려도 좋을 정도의 퀄리티 높은 초콜릿을 만들어 판매도 하고 있는데, 장식으로 올리는 왕관이나 꽃 등의 모양깍지는 파리에 갔을 때 구입한 것입니다.

파리에서는 제과재료 매장을 많이 돌아보았고, 케이크 틀을 비롯한 도구를 너무 많이 구입한 바람에 가방까지 새로 사야 할 지경이었습니다. 그곳에서 사과주(cider)도 많이 구입했습니다. 실은 과실주에도 관심이 많아서 매실주는 10종류 정도 만들었고 살구나 복숭아, 커피 리큐르 같은 것도 만들고 있습니다. 과실주 담그는 술을 일본술, 진, 소주 등으로 바꾸거나 설탕 양에 변화를 주어 다양한 실험을 해보고 있습니다.

젊은 싱글여성(34세 이하)

— 외향적이며 외식, 음주 증가
— 의류와 화장품은 감소했지만 내추럴 오가닉 지향으로 단가 상승
— 비일상가치의 저하와 일상가치의 향상
— 사람들과의 만남에 돈을 쓴다

젊은 싱글여성의 소비 키워드
1. 술 마시는 여자
2. DIY 여자
3. 탈패션화
4. 작은 얼굴
5. 심플한 화장
6. 타월
7. 비일상가치의 저하와 일상가치의 향상
8. 나 홀로 여행
9. 인간관계 소비

남녀 소비지출의 차이

34세 이하 싱글여성의 소비지출 총액은 제1기(2002~2006년)에 205만 엔이었는데 제3기(2012~2016년)에는 199만으로 6만 엔 감소했다. 젊은 남성에 비해 감소 폭이 낮은 편이다. 제1기에 젊은 남성의 소비지출 총액은 217만 엔으로 여성보다 12만 엔 정도 많지만 제3기에는 191만 엔으로 여성보다 낮게 나타났다.

식비는 46.3만 엔으로 젊은 남성의 58.1만 엔보다 12만 엔이나 적지만, 증가율을 보면 젊은 남성은 감소세인 데 반해 여성은 제1기에서 제3기까지 1.14배 증가했다.

요구르트에 그래놀라

특히 증가한 품목은 젊은 남성과 마찬가지로 '기타 곡류'인데, 남성과 달리 핫케이크 가루나 오코노미야키 가루가 아니라 시리얼, 그래놀라

등의 소비가 증가한 것으로 보인다.

왜냐하면 요구르트에 시리얼이나 그래놀라를 넣어 아침식사나 간식으로 먹는 여성이 많고, 실제 요구르트 소비를 보면 젊은 남성은 제3기에 2516엔인데 젊은 여성은 3867엔이다.

참고로 요구르트는 중년 남녀, 시니어 남녀에서도 증가하고 있다.

다양한 과일을 구입

채소는 1.25배로 젊은 남성과 비슷한 증가율을 보이고 있다. 다만 제3기에서의 금액이 1만 5141엔으로 젊은 남성의 6천 엔보다 훨씬 많다. 품목은 남성과 동일하게 양배추, 배추, 연근의 증가세가 두드러진다.

과일 소비는 6015엔이며 젊은 남성의 2274엔보다 훨씬 많고 증가율도 1.11배로, 젊은 남성의 감소세와 반대현상을 보이고 있다.

또한 '기타 과일'이 1.74배 증가한 것으로 보아 과일을 다양하게 구입하고 있다는 것을 알 수 있다. 기타 과일은 살구, 체리, 자두, 무화과, 파인애플, 아보카도, 파파야, 망고 등이다. 확실히 젊은 여성이 좋아할 것 같은 과일이며 어쩌면 요구르트에 넣어서 먹을 것 같기도 하다. 젊은 남성의 기타 과일 소비는 0.7배. 역시 감소했다.

조리식품 증가

조리식품의 평균지출 금액은 6만 3335엔, 젊은 남성은 8만 5142엔으로 젊은 남성 쪽이 높다. 그러나 증가율을 보면 젊은 여성이 1.22배로 남성의 1.07배보다 크다. 특히 기타 식사용 조리식품이 1.6배 증가했고 금액은 9680엔으로 남성의 9795엔과 거의 비슷하다.

젊은 여성의 특징으로 보이는 샐러드 소비도 증가했다. 증가율이 1.57배로 높고 금액도 5009엔으로 젊은 남성의 4192엔보다 많다. 최근 편의점 등에서 채소뿐만 아니라 육류 등을 토핑으로 올린 샐러드가 많이 팔리고 있으며 이것으로 식사를 대신하는 사람이 증가하고 있는데 그러한 경향이 나타난 것이다.

한편 닭꼬치 소비도 젊은 남성보다 높은 1.62배 증가세를 보인다. 햄버거도 증가율이 높고 금액도 젊은 남성과 비슷한 수준에 이른다. 무엇보다 반찬세트가 2.22배로 증가율이 가장 높다.

커피·코코아 음료 증가

음료에서는 커피음료가 1.44배, 코코아 가루 및 코코아 음료가 1.82배 성장했다. 기존의 캔커피가 아니라 커피 전문점과 같은 퀄리티 높은 커피음료가 편의점에 많이 있기 때문이다.

또한 탄산음료, 유음료가 2배 이상 증가했다.

술 마시는 여성이 늘고, 단맛이 있는 술을 좋아한다

주류에서는 청주가 1.52배, 위스키가 10.42배 증가했다. 젊은 남성에서 감소하고 있는 것과 대조적이다. 금액도 청주의 경우 1979엔으로 젊은 남성의 2354엔에 가깝다. 발포주의 증가율도 2.43배로 크다.

기타 주류도 젊은 남성은 3475엔, 1.67배이며 여성은 2644엔, 1.66배이다. 즉, 청주보다 기타 주류의 금액이 더 많고, 이는 맥주 소비와 거의 동일하다. 독한 맛 일색이었던 남성 타깃의 주류시대가 끝나가고 있는 것 같다.

기타 주류란 추하이, 칵테일, 브랜디, 리큐르, 과실주, 중국술 등을 말하며, 단맛이 있어서 여성이 좋아하는 술이 많다. 젊은 남성에서도 기타주류의 증가율이 높으므로 젊은 남성도 단맛이 있는 술로 옮겨 가고 있다고 할 수 있다.

이처럼 젊은 여성은 이전보다 더 적극적으로 술을 마시고 있고 소비 측면에서도 남녀 차이가 줄어들고 있다.

외식, 특히 차와 술 증가

외식비는 젊은 남성은 감소하고 있는데 여성은 1.12배 증가했다. 물론 금액은 젊은 남성이 31.7만 엔, 여성은 20.7만 엔으로 젊은 남성 쪽이 많다.

특히 여성에서 증가하고 있는 것은 차와 술이다. 차는 1.38배, 술은 1.26배 증가했다. 젊은 남성에서 증가하고 있는 것은 중화소바뿐이며 그것도 1.1배인 것을 보면 외식업계로서는 젊은 여성에게 향후 소비 증가를 기대하지 않을 수 없겠다.

육류가 좋아

또한 고깃집 외식도 7903엔으로 다른 연령대 여성보다 훨씬 많고 중년남성이나 시니어 남성보다도 많다. 젊은 남성은 1만 5474엔으로 역시 젊은 여성보다 2배 정도 많지만 그래도 젊은 여성의 고깃집 외식비는 높은 편이다.

공영주택 선호

주거비는 젊은 남성이 34만 엔인 데 반해 젊은 여성은 42만 엔으로 꽤 많다. 여성이 더 주거설비에 대한 욕구가 높기 때문이다.

「가계조사」를 보면 젊은 여성의 95%가 임대주택에 살고 있는 것으로 나타났다. 임대주택 중에서도 증가하고 있는 것은 공영주택*이며 3.38배나 된다. 사택이나 관사도 1.59배로 증가하고 있다. 주로 빈곤층이 공영주택을 선택한다고 하지만 최근 오래된 공영주택의 장점이 재조명되고 있는 영향도 있을 것이다.

인테리어 지향

가구에서는 식탁세트 및 기타 가구, 조명기구, 커튼, 침대, 기타 침구류가 2배에서 3배가량 증가했다. 이는 최근 인테리어붐의 영향이라고 볼 수 있다.

생활용품에서도 냄비, 주전자가 3배 이상 증가한 것 외에 기타 식탁용품, 주방용품도 1.3배 정도 증가했다. 주방용품은 프랑스 브랜드 르크르제(LE CREUSET), 스타우브(staub) 등의 인기가 반영된 수치이며, 이런 소소한 사치로 일상생활을 즐기려는 경향이 잘 드러나 있다.

또한 젊은 남성과 마찬가지로 가사용 소모품이 증가하고, 특히 세탁용 세제, 기타 가사용 소모품의 증가가 크며, 가사 서비스도 1.82배 증가했다.

* 지방자치단체가 저소득층에게 임대하는 주택.

DIY 여자

또한 설비재료가 3.38배 증가했다. 설비재료란 시스템 키친, 테라스, 베란다 등의 조립식 공간, 방문, 알루미늄 섀시, 방범창 등의 창호, 아코디언 커튼, 비데, 세면 화장대, 욕조, 온수기, 정원식수, 수은등, 방범등, 페인트·니스 등의 도료, 시멘트, 모래, 합판 등의 바닥재, 방부제, 못, 벽지, 주택용 양면 테이프, 인공잔디, 흙 등을 말한다.

구체적으로 어떤 품목이 증가했는지는 불명확하지만 아마도 주체는 벽지, 후스마(ふすま, 가벼운 나무 틀에 헝겊이나 두꺼운 종이를 발라 제작한 일본 전통 미닫이문)용 종이, 페인트·니스 등의 도료로 추정된다.

이러한 품목들의 증가는 집을 직접 개조하고 있는 사람이 많다는 것을 의미한다. 실제 'DIY(Do It Yourself) 여자'라는 말이 생겨날 정도다.

〈행복해! 빈곤녀(幸せ!ボンビーガール)〉라는 TV예능 프로그램에는 패션 모델이자 DIY 달인으로도 알려진 모리 이즈미(森 泉)가 100엔 매장에서 판매하는 상품으로 DIY를 하는 '모리 이즈미의 100엔 생활'이라는 코너가 있다. 그녀는 실제 지은 지 60년 정도 된 – 주방도 욕실도 낡았고 다다미 바닥은 당장이라도 내려앉을 듯한 – 오래된 집을 사서 DIY로 리모델링을 선보이기도 했다. DIY 공구 수집가로도 잘 알려진 그녀는 자신의 노하우를 정리하여 『모리 이즈미의 손으로 만드는 잡화 MY DIY BOOK』이라는 책을 내기도 했다.

또한 인테리어 소매업체인 니토리가 제공하는 〈인테리어 일기〉 프로그램은 주방의 카운터를 카페처럼, 침실을 파리의 호텔처럼, 다다미방을 북유럽풍으로 꾸미고 싶다는 등의 시청자 니즈에 대응한 인테리어 정보를 제공하고, 벽지 바르는 방법 등의 실질적인 DIY 실행법도 함께 알려주고 있다.

공공기관인 도시재생기구(UR: Urban Renaissance Agency)나 도쿄주택공급공사 등에서도 오래된 임대주택을 DIY 해서 사용할 것을 권장하고 있기 때문에 싱글의 소비로서 향후 주시할 만한 트렌드다.

마스킹 테이프의 증가

문방구도 1.22배 증가했다. 문방구는 세부적인 품목 분류가 없기 때문에 구체적으로 어떤 품목이 증가했는지 알 수 없지만 나는 마스킹 테이프일 것이라고 추측한다. DIY를 하는 여성은 마스킹 테이프를 선호하기 때문이다. 물론 DIY까지는 아니라 해도 마스킹 테이프를 즐겨 쓰는 여성이 최근 급증하고 있는 것도 증가에 일조했다고 볼 수 있다.

옷보다 소품

의류는 품목에 상관없이 전부 감소하고 있다. 여성용 정장과 셔츠, 스웨터 등의 합계가 제1기에 13만 엔이었는데 제3기에는 9.4만 엔이다.

참고로 1989년 30세 미만 여성의 정장, 셔츠, 스웨터의 합계는 17.7만엔, 30대 여성은 19.7만 엔이었다(총무성 「전국소비실태조사」 발표. 「가계조사」에서 1인 가구의 통계를 분석하기 시작한 것은 2002년부터이다). 즉, 지금 여성의 옷 구입비는 1989년 거품경제 시대*의 절반으로 줄어든 것이다.

세부적으로 보면 여성용 정장은 제1기에서 제3기까지 0.75배, 상의, 스커트, 블라우스 이외의 기타 여성용 셔츠, 스웨터는 거의 반감했다.

---

* 1980년대 후반에서 1990년대 초반. 대체로 1986년 12월부터 1991년 2월까지로 보고 있다.

속옷도 0.58배로 감소했고, 특히 보정속옷은 0.28배나 감소했다.

패스트 패션(fast fashion)이나 중고의류의 보급, 인터넷으로 옷을 저렴하게 구입할 수 있게 되었다는 점, 검정색 슈트를 입고 출근하는 경우가 증가했기 때문에 매일 다른 옷을 입을 필요가 없어진 점 등이 여성 의류비 감소의 이유라고 할 수 있겠다.

그에 반해 정장 대여료는 21.75배나 증가했고 장화, 나막신, 실내 슬리퍼 등 기타 신발류가 1.53배 증가했다.

나막신은 최근의 목욕 인기에 따라 사용이 증가한 것으로 보이고 장화도 여성의 눈길을 끌 만한 디자인이 나오면서 인기를 얻고 있다. 하이힐을 신는 경우가 줄어들고 편안한 신발을 선호하는 경향이 이 같은 소비에 영향을 미치고 있는 것으로 보인다.

최근에는 디자인이 좋은 우산의 인기가 확대되고 있어 의류보다는 우산, 장화, 슬리퍼 등 주변 소품으로 소비의 대상이 옮겨 가고 있다.

자, 그러면 앞의 퀴즈에서 젊은 여성에 해당하는 것은 바로 C 연령대이다.

미용 관련 소비는 매우 감소

미용, 화장품 관련에서는 샴푸, 린스가 1.3배 정도 증가했으며, 금액도 역시 젊은 여성이기에 다른 연령층보다 높다. 로션, 크림의 증가율도 높다.

갈색머리 염색 붐이 사라지고 흑발이 재평가되고 있기 때문에 모발 염색제를 포함한 기타 화장품은 감소했다. 파마비용도 절반 정도 감소했다.

이렇게 보면 화장이나 미용에 대한 관심이 줄어들고 있는 듯하다. '전철 안에서 화장을 하지 마시오'라는 주의문구가 있을 정도로 젊은 여성들은 화장에 신경을 썼는데 말이다. 그러면 어떤 요인이 미용 관련 소비를 줄어들게 했는지 다른 측면에서 좀 더 보도록 하자.

세안보다 소안(小顔)

직장에서 여성은 일에서도 성과를 내야 하고 동시에 여성성도 요구받는다. 그래서 바쁜 아침에 식사는 안 해도 화장은 해야 하고, 자기 전에는 화장을 깨끗이 지워 피부 트러블이 없도록 신경을 써야 한다. 그런데 이런 일들이 어느 순간 바쁜 직장 여성들에게 스트레스로 인식되면서 서서히 화장하는 시간을 줄여간 것이다.

한편 가치관의 변화도 있다. 최근에는 아침에 세수를 하지 않고 출근하는 여성이 있다고 하는데 그 이유는 시간이 없어서가 아니라 세수 대신 소안 마사지를 하기 때문이라는 것이다. 피부에 신경 쓰기보다는 작은 얼굴이 되기를 더 원하는 모양이다. 아무리 그래도 세수도 하지 않은 얼굴로 회사에 출근한다는 것이 이해되지 않는 일이다. 그 정도로 지금 젊은 여성들 사이에는 소안이 유행하고 있다.

내추럴 오가닉 지향으로 단가 상승

그리고 헤어케어나 화장은 심플, 내추럴 오가닉을 지향하고 있다. 이는 단카이 주니어 세대부터 나타난 현상이므로 지금의 중년여성에서도 공통된 현상이다.

심플 지향이라고 해서 돈을 쓰지 않는 것은 아니다. 업계 정보에 의하면 오히려 샴푸, 린스, 비누, 유연제 등의 구입 단가는 상승했다고 한다.

샴푸를 인스타그램에 올리다

할인매장이나 온라인 등에서 저렴하게 구입하는 것이 아니라 제대로 된 전문매장에서 구입, 패키지 디자인도 심플하면서 멋스러운 것. 그러한 샴푸, 린스, 세제가 팔리고 있다.

소비자는 이들 제품의 사진을 찍어 인스타그램에 올린다. 기존의 샴푸, 린스 제품으로는 생각도 못한 것이었지만, 요즘 나오는 제품은 자신의 가치관, 라이프스타일에 맞고 자신의 생활을 즐겁고 아름답게 보여주는 효과가 있다고 여기기 때문에 인스타그램에 올리는 것이다.

지금 시대에 인터넷에서의 평판이 상품에 큰 영향을 미치는 것은 말할 필요도 없다.

그 대표적인 예가 보타니스트(Botanist)라고 하는 샴푸, 트리트먼트, 보디샴푸 브랜드이다. 심플 지향적이면서 내추럴, 식물성 원료, 무실리콘 비누 성분, 서양에서 행복·행운의 상징인 은방울꽃 향 등 신비한 매력 등이 합쳐져 인터넷에서 입소문이 돌며 엄청난 히트상품이 되었다. 2016년 라쿠텐(樂天)*에서의 매출이 연간 종합 랭킹 1위였을 정도다.

그 때문에 드러그 스토어에서도 보타니스트를 팔게 되었고 기존 기업들도 심플 지향의 상품을 투입하기 시작해, 매장에서 보타니스트 제품 옆에 놓이는 것을 목표로 하고 있다고 한다.

---

* 일본 최대 인터넷 서비스 업체로 포털 사이트, 인터넷 쇼핑 사이트 등을 운영.

타월 소비의 증가

샴푸, 린스 소비의 증가 때문인지 타월 소비도 증가하고 있다. 증가율은 1.6배이며 제3기에서의 금액은 2242엔이다.

중년여성에서도 1.21배, 시니어 여성에서도 1.42배 늘어났지만 금액은 많지 않다. 이는 중장년 세대가 타월에 관심이 없다기보다 젊은 시절부터 구입해놓은 누적된 양이 있기 때문이다. 그럼에도 불구하고 타월 소비가 계속 증가하고 있는 것으로 보아 여성들은 타월을 정말 좋아하는 것 같다.

특히 이마바리(今治)* 타월을 비롯해 최근 10년 동안 꾸준한 인기를 얻고 있는 데누구이(てぬぐい, 일본풍 수건)도 전문매장이 많아졌다. 일본풍 붐으로 인해 수집가도 적지 않게 있는 듯하다.

또한 젊은 남성이나 중년남성에서도 금액은 적지만 1.77배의 타월 소비성장률을 보이고 있다. 제품 생애주기로 보면 한참 전에 성숙기에 접어든 타월이지만 마케팅에 따라 다시 한 번 성장세를 누릴 수 있다는 것을 보여주는 좋은 예라고 할 수 있다.

일상가치의 향상, 비일상가치의 저하

이처럼 자동차, 패션, 여행 등 비일상적인 지출을 줄이는 대신 일용품 같은 일상적인 소비에 작은 사치를 하는 것이 오늘날의, 특히 젊은 세대의 소비 경향이다.

---

* 일본 최대 규모의 타월 산지. 전통적 기술과 최신 기술을 융합하여 제조하고 있으며, 부드러우면서 흡수력이 뛰어나 최고의 품질로 인정받고 있다.

즉, '비일상가치의 저하'가 진행되는 한편 '일상가치의 향상'이 추구되고 있는 것이다. 이는 내가 2012년에 출간했던 『제4의 소비』에서 주장한 현상이라고 할 수 있겠다.

배움을 추구하다

교양오락 분야에서는 골프용구가 5.8배 증가했다. 제1기에서 제2기, 제2기에서 제3기에 각각 2배 이상 착실히 증가세를 보이고 있다. 다만 골프요금은 감소하고 있는 것으로 보아 주로 연습장에 다니고 있는 것으로 추측할 수 있다. 젊은 남성에서 골프 관련 소비는 증가하고 있지 않다.

또한 젊은 남성과 마찬가지로 가사 관련 학원비가 증가하고 있고(3.07배), 음악 학원비도 2.24배 증가했다. 그러나 남성과는 다르게 기타 교육적 학원비는 증가하고 있지 않다.

서적 구입비도 감소하고 있지만 젊은 남성 정도는 아니다. 젊은 남성에서는 잡지 구입이 0.42배이지만 젊은 여성에서는 0.7배에 머무르고 있다. 남성은 잡지에서 보고 싶어 하는 것 대부분을 스마트폰으로 볼 수 있는가 보다.

나 홀로 여행

패키지 여행비는 줄고 있지만 숙박료는 증가하고 있다. 이는 젊은 남성에서도 동일하다. 버스를 타고 단체여행은 하지 않지만 배낭여행이나 친구 두세 명과 함께 가는 여행이 증가하고 있다고 할 수 있다. 최근에는 철도여행, 역사여행, 전국 맛집여행 등의 테마로 나 홀로 여행을 즐기는 젊은 여성이 늘어나고 있다.

동호회에 속하다

흥미로운 사실은 '제회비'가 2.13배 증가했다는 점이다. 제회비는 교양오락적 요소가 있는 동호회의 회비를 포함하는데, 이는 인간관계, 만남을 중시하는 작금의 풍조 속에서 다양한 동호회에 참여하는 여성이 증가하고 있기 때문인지도 모른다. 차음료비, 음주비가 증가하고 있는 것도 이와 관련이 있을 것이다.

혹은 '파티피플'이라는 용어가 유행하고 있는 것처럼 친구들과의 모임이 증가하고 있는 영향도 있을 것이라고 생각된다.

어떤 이유가 되었든 동일한 취미나 관심사를 갖고 있는 사람들과의 만남을 중시하고 있는 것만은 확실하다.

그리고 보니 최근 젊은 여성들이 '연이 닿았다'는 말을 자주 사용한다. 시니어 세대가 사용할 것 같은 말을 하는 것은 그만큼 인간관계가 중시되고 있다는 것을 보여준다.

이처럼 여성은 외향적·활동적이 되어가고 그 때문에 외식이 증가하고 술을 마실 기회도 많아지고 있다. 의류에 돈을 쓰기보다 동호회 등에 속하고 인간관계를 위한 소비를 하는 경향이 강하다.

한편 미쓰비시종합연구소의 '생활자시장예측시스템' 2017년판에는 20대, 특히 여성에서 이성과 교제하고 있는 사람이 많고 5년 이내에 결혼을 생각하는 사람도 증가, 결혼 희망연령은 25~29세라고 하는 여성이 증가하고 있다고 보고한다. 또 남녀 전체에서 자동차 보유, 맥주 음주 빈도, 여행 빈도가 증가하고 있고, 맥주 음주 빈도는 여성에서 특히 현저하다. 이는 최근의 젊은 노동력 부족에 의한 연봉이나 시급의 상승 등이 영향을 미치고 있다고 여겨진다. 그리고 이 추세는 5년 후인 2017~2021년의 「가계조사」를 분석할 때 지금까지와는 다른 트렌드를 보여주게 될 것이다.

✎ 실태 리포트

— 여성 30세(미용실 근무)

원래 사교적이지도 않고, 결혼한 친구들도 많고, 또 휴일이 일반 사람과 달라서 주로 혼자 활동하는 경우가 많습니다. 정기적으로는 월 2회 정도 음악 콘서트에 갑니다.

음악 CD 구입하는 것을 좋아하고 취미도 마니아 수준의 것이 많습니다. 문화적인 것을 좋아하기 때문에 미술관에 가기도 하고 독서도 좋아해서 책도 자주 사러 갑니다.

그래서 적지 않은 비용이 지출됩니다. 비용문제도 있고 부피가 크다는 문제도 있고 해서 최근에는 문고판이 나올 때까지 기다렸다가 책을 구입하는 경우가 많습니다.

2층에 살고 있는데 책과 CD로 바닥이 무너지지 않을까 약간 걱정될 만큼 많이 가지고 있습니다.

책을 읽고 있을 때 가끔 결말이 궁금해 뒷장을 뒤적이거나 앞의 스토리를 다시 확인하거나 하는 경우가 있죠? 종이책을 읽는 재미가 바로 그런 데 있다고 생각하면 아무래도 전자책으로 옮겨 갈 수는 없을 것 같습니다. 눈도 안 좋아질 것 같고… 가지고 다니기 편리하다는 것은 알지만.

요즘에는 메르카리(Mercari)*에 필요 없는 물건을 팔고 있습니다. 나에게 '될성부른 나무'를 알아보는 재능이 있는지 호시노 겐(星野 源, 일본 가수)을 무명이었던 6년 전부터 응원해 왔습니다. 그의 초판 음반을 여러 개 가지고 있어서 메르카리에 7개 정도 내놓았더니 구입가보다 높은 가격에 팔렸습니다.

그리고 밴드명이 바뀐 락밴드의 이전 CD나 티셔츠 같은 것도 가지고 있어서 이것도 팔면 고가에 팔릴 것 같습니다.

— 여성 29세(인터넷 판매 사이트 회사 근무, 연봉 500만 엔)

나는 나이나 성별에 관계없이 친구가 많기 때문에 평일에는 그들 중 누군가와 술을 마시거나 운동을 하거나 합니다.

식사는 맛있는 곳이라면 어디든 갑니다. 고급 음식점? 얼마 전에 어느 고급 레스토랑에서 식사 대접을 받았는데, 친구와 가기에는 역시나 좀 부담스러운 곳이었습니다. 고급스럽거나 멋있지 않아도 맛있고 활기가 있는 곳이라면 대환영입니다.

주말에는 친구들을 집으로 초대해 시끌벅적 노는 것을 좋아합니다. 직장 선배가 같은 아파트에 살고 있어서 얼마 전에는 스무 명 정도가 모여 양쪽 집을 왔다 갔다 하면서 파티를 했습니다.

내가 살고 있는 아파트는 조금 특별합니다. 30년 정도 된 노후 아파트인데 부동산 중개업자가 거의 골조만 남은 상태이므로 세입자가 좋을 대로 DIY를 해도 된다고 말해서 2012년부터 살고 있습니다.

그때 나는 혼자 살 만한 집을 여러 군데 보러 다니던 중이었습니다. 집을 찾는 제1조건이 원목마루였는데, 당시 내가 가지고 있던 예산으로는 그런 바닥재를 사용한 집을 구할 수 없었습니다.

그러던 중 때마침 이 집을 만나고 '살고 싶은 집을 찾을 수 없다면 내가 직접 만들자'는 생각으로 결정을 하게 되었습니다. 월세도 다른 집보다 저렴했고요.

사실 DIY 같은 것은 해본 경험이 없습니다. 그래서 우선 인터넷으로 마룻바닥재를 구입하고 바닥 시공을 가르쳐주는 분이 오셔서 '배우면서 시공하는' 프로그램을 신청했습니다. 제대로 하려면 못도 박아야 하지만 어차피 혼자 사는 집이라 그냥 접착제로 시공을 한 채 살고 있습니다. 전혀 문제없습니다.

벽과 천장은 페인트 롤러로 칠을 했습니다. 이런 일은 집중해서 한번에 하지 않으면 진척이 안 되고 생활할 수 있는 환경이 되지 않습니다. 그래서 5월 황금연휴 때 친구들을 불러 모두의 힘으로 완성했습니다.

그 후 이런저런 보수작업을 조금씩 하고 있는 중입니다.

혼자 사는데 뭐 그렇게까지 하느냐고 하겠지만, 여기에 사는 사람들은 다 그렇게 하고 있습니다.

이 아파트는 같은 취미를 가진 사람들이 모여 있어서 즐겁습니다.

─ 여성 34세(공간 프로듀스 회사 근무, 연봉 500만 엔)

돈을 쓰는 쪽이어서 저금은 100만 엔밖에 없습니다. 좀 그렇죠? 그래서 이전에 비해 옷을 많이 사지는 않아요. 월 5만 엔 정도. 그래도 많다고요?

문화적인 것에 흥미가 많으며 여행은 기본적으로 혼자가 좋습니다. 일전에 교토(京都)에 가서 고슈인초(御朱印帳)**를 사서 사찰들을 돌아보기도 했고 나가노(長野)에 갔을 때는 270년의 전통을 자랑하는 시치미(七味)*** 제조회사 야와타야이소고로(八幡屋礒五郎)에서 시치미를 직접 조합해보기도 했습니다.

요리하는 것도 좋아합니다. 매운 것을 좋아하죠. 그래서 시치미를 비롯해 여러 가지 조미료를 직접 만들기도 합니다. 한 번 시작하다 보니 이런저런 저장식까지 다양하게 만들게 되었습니다. 작년에는 풋고추를 잔뜩 사 갖고 와서 피클, 소금절임, 풋고추 된장까지 만들었습니다. 그래서 우리 집에는 수많은 보관용기가 줄지어 놓여 있답니다.

4년 전에는 유기농 레몬과 소금으로 소금레몬을 담갔습니다. 4년 전의 것이라 레몬이 흐물흐물해졌지만 이때가 가장 맛있습니다. 얼마 전에는 잠두콩을 사서 두반장도 만들었습니다. 아직 발효가 덜 되었지만 충분히 맛있습니다. 매실로 매실주는 물론이고 매실 브랜디도 만들고, 안초비도 담급니다.

이탈리아산 파스타를 해외 직구하기도 하고 좋은 밀가루가 있다는 정보를 들으면 얼른 달려가서 사고, 얼마 전에는 스파이스를 직접 조합할 수 있는 카레세트를 구입하기도 했습니다. 이런 것을 하나씩 구입하다 보면 매월 적지 않은 비용이 나가는 것 같아요. 물론 별로 신경 쓰지는 않습니다만.

---

* 일본의 모바일 중고장터 앱.

** 절이나 신사에서 참배자들에게 찍어주는 스탬프를 모으는 수첩.

*** 고춧가루를 주재료로 향신료를 조합한 일본 조미료. 일곱 종류의 재료가 들어갔다고 해서 붙여진 이름이다.

★ 3 장

싱글세대의 소비: 중년 남녀

중년 싱글남성(35~59세)

— 중년의 아저씨도 빵, 파스타, 단것을 좋아한다
— 건강에 신경 쓰면서도 조리식품을 애용, 그 대신 요구르트로 안심
— 자동차를 줄이고 인테리어에 관심
— 반려동물을 키우기 시작

중년 싱글남성의 소비 키워드
1. 빵과 파스타 소비가 증가
2. 요구르트로 위장을 소중히
3. 달달한 아저씨
4. 병 예방
5. 반려동물

나이가 들수록 빵이 좋아

중년남성의 소비지출 총액은 제1기(2002~2006년) 243만 엔에서 제3기 (2012~2016년) 212만 엔으로 30만 엔 이상 감소하고 있다. 식비도 69만 엔에서 62만 엔으로 7만 엔 줄었다.

품목별로 보면 쌀이 감소했고 빵이나 면류는 1.19배 증가했다. 면류 의 증가는 젊은 남성과 비슷하다.

빵의 증가율은 젊은 남성 이상이며, 특히 식빵이 아니라 '기타 빵'이 증가하고 있다. 기타 빵의 증가는 시니어 남성에서 더욱 현저히 나타나 는 경향인데, 남성은 나이가 들수록 요리하지 않아도 되는 간편한 빵을 식사로 선택하고 있다는 것을 알 수 있다.

아저씨는 파스타를 좋아해

면류에서는 스파게티가 2.21배, 컵라면도 1.3배 증가했다. 스파게티 의 증가는 다른 연령대보다 훨씬 높다. 중년남성이 파스타를 좋아한다 니 몰랐던 사실이다.

또한 젊은 남성과 마찬가지로 '기타 곡류'도 3.38배나 증가했다. 이것이 핫케이크 가루인지 다코야키 가루인지 그래놀라인지는 모르지만 다음에 살펴보게 될 요구르트가 증가하고 있는 사실로 보아 그래놀라일 가능성이 높다.

증가하는 요구르트 소비

요구르트는 1.55배 증가했다. 중년이 되면 위장이 약해지고 필로리균이 신경 쓰이는 탓일까. 금액도 젊은 남성이 2516엔인 데 반해 중년남성은 4582엔이나 된다. 시니어 남성은 5174엔으로 중년남성보다 약간 높다. 젊은 세대에서 중년에 걸쳐 요구르트 수요가 급증하고 있다.

참고로 시니어 여성은 7385엔, 중년여성은 6299엔, 젊은 여성은 3867엔이다.

중년남성은 치즈도 1.77배로 시니어 여성만큼 증가율이 크다.

생선류는 게 외에는 감소하고 있다. 육류는 닭고기가 1.52배, 돼지고기는 1.24배 증가했으며 다짐육도 2배 증가했다. 닭고기와 다짐육의 증가율이 큰 것은 저렴한 가격 때문일 것이다.

위장에 좋고 다이어트도 되는 것

채소류에서 구입이 증가하고 있는 것은 양배추와 연근이다. 연근은 어느 연령대에서나 증가하고 있는 품목이다. 과일은 사과가 2배 이상 증가했다. 양배추와 사과가 위장에 좋고 다이어트에도 좋다는 것을 알고 있는 것일까?

조미료에서는 마요네즈, 드레싱, 건조스프, 천연 조미료, 소스, 기타 조미료가 전부 1.3~1.5배 정도 증가했으며 금액도 젊은 남성보다 많다. 맛내기에 대단히 신경 쓰고 있나 보다.

달달한 중년

제과류에서는 '기타 양과자'가 2.25배 증가했다. 기타 양과자는 에끌레르, 슈크림, 와플, 크레프, 애플파이, 롤케이크, 마들렌, 무스, 스위트 포테이토 등이다. 달달한 제과를 좋아하는 중년남성이 꽤 많은 모양이다.

금액은 3천 엔 정도로 젊은 남성과 크게 차이가 없고 시니어 남성은 이보다 낮은 2천 엔 정도다(여성은 연령에 관계없이 4천~5천 엔). '달달한 중년' 현상은 단카이 세대에서는 나타나지 않았고, 단카이 주니어 세대에서 보이는 현상이라고 할 수 있다. 이후에도 계속 이러한 현상이 진행된다면 중년 아저씨들도 여성만큼 제과에 돈을 쓰는 시대가 올지도 모르겠다.

커피를 좋아한다

커피도 1.31배 증가했다. 젊은 층에서는 늘지 않았지만 중년남성, 중년여성, 시니어층 모두에서 증가하고 있다. 즉, 젊은 세대는 커피에서 멀어지고 있는 듯하다. '커피의 제3의 물결(third wave of coffee)'이니 '블루 보틀 커피(Blue Bottle Coffee)'니 하면서 커피붐이 일고 있는데 그 견인 역할을 하는 것이 젊은 세대가 아닌 것 같다.

음료에서는 기타 탄산음료, 유음료가 2~3배 증가하고 있다.

술은 소주와 위스키, 발포주, 기타 술이 증가하고 있다. 발포주는 1.77배, 기타 술은 1.67배이다.

발포주는 가격 때문에, 기타 술은 역시 단맛 때문에 증가한 것이리라.

외식에서 증가하고 있는 것은 햄버거뿐

외식은 0.74배 감소, 금액도 평균 26만 엔으로 젊은 남성의 32만 엔에 비해 매우 낮다. 증가하고 있는 것은 햄버거(1.33배)뿐이다. 차음료비, 음주비도 0.6배 전후로 줄고 있다. 햄버거만이 증가하고 있다는 사실은 매우 우울한 현상이라고 볼 수 있다.

기름진 식사는 차로 마무리

조리식품의 구입 증가율은 1.14배 정도지만 금액은 10.3만 엔으로 매우 높다. 특히 조리빵, 기타 식사용 조리식품은 1.4배 이상이다. 튀김 1.36배, 햄버거 1.38배 등이며 대체적으로 기름진 것을 선호하는 것으로 나타났다. 다류에서는 젊은 층과 마찬가지로 기타 다류가 1.33배 증가했다. 기름진 식생활에서 보면 지방 분해를 위한 차일 가능성이 높다.

매장 내 취식

이러한 조리식품의 소비 증가에 대응하기 위해 편의점이나 대형 마트들은 매장에서 구입한 것을 매장 내에서 먹을 수 있도록 취식공간을 마련해놓고 있다.

대형 쇼핑센터 이온(Aeon)의 히몬야(碑文谷) 지점은 최근 취식공간 자릿수를 이전의 2배인 500석으로 늘렸다. 세븐일레븐은 1만 9천 지점 중 4천 점, 로손은 1만 3천 지점 중 5천 점, 패미리마트는 1만 8천 지점 중 6천 점에 매장 내 취식이 가능한 공간을 마련할 계획이다.

오피스 엄마

사무실에 최저 월 3만 엔 정도의 임대료를 받고 전용 냉장고를 설치해 진공 포장된 무첨가 반찬을 1개월간 넣어두고 먹은 분량만큼 계산하는 '오피스 엄마'라는 새로운 비즈니스가 생겨났다. 반찬은 하나에 100엔 정도.

제과업체인 그리코(glico)는 이미 2002년부터 '오피스 그리코'라는 명칭으로 이 사업을 시작했으며 사무실에 그리코의 과자 외에 음료수, 커피, 아이스크림 등을 제공하고 있다.

이처럼 가정에서 먹는 내식도 아니고 외식도 아닌 조리식품을 먹는 빈도는 향후 더욱 증가해갈 것이다.

힐링홈 지향

가구는 3배 이상, 응접세트(테이블 없이 소파 단품 포함)는 6.66배, 기타 가구도 5.32배 증가했다.

조명기구는 3.08배, 기타 실내 장식품은 1.82배 증가했다. 담요, 요, 기타 침구류도 1.2배에서 1.3배 증가했다. 2013년에 출간했던 『일본인은 앞으로 무엇을 구입하는가?』에서도 힐링홈 지향은 중년남성의 특징이었는데 그 경향이 더욱 강해지고 있는 것 같다. 혼자 살면 피곤해도, 허리가 아파도 주물러줄 사람이 없다는 것을 인식해서일까. 고기능 매트리스나 숙면 베개의 구입이 두드러진다.

건강 관리 중시

중년남성의 힐링홈은 단순히 인테리어 지향이 아니라 건강 지향이기도 하다. 혼자 살기 때문에 건강에 신경 쓰고 잠자리가 편한 공간, 침구를 원하는 것이다.

그와 관련하여 보건의료비도 1.31배, 6.8만 엔 증가했다. 젊은 남성의 3.6만 엔보다 훨씬 높다.

보건의료 서비스는 젊은 남성이 1만 7174엔인데 중년남성은 3만 5882엔이다.

그 내역은 의료진료비 1만 4362엔, 치과 진료비 1만 131엔, 건강 검진 및 기타 보건의료 서비스가 합계 8562엔으로, 건강 관리, 질병 예방 등에 상당한 돈을 쓰고 있다는 것을 알 수 있다.

탈(脫)자동차

지금의 중년남성은 풍요로운 거품경제 시기를 지나온 세대이기 때문에 자동차를 좋아하는 세대이다. 그러나 자동차 구입비는 0.11배 감소했다. 금액으로 보면 2만 9202엔에서 3233엔까지 떨어졌다. 자전거 구입비도 0.35배로 줄었다. 가구 구입이 증가하고 있는 것과는 대조적이다. 단카이 주니어가 중년세대에 포함되어 있기 때문인지도 모르지만 자동차에서 멀어지고 인테리어를 좋아하는 경향이 뚜렷하게 나타나고 있다.

한편 자동차 등의 부품비는 1.6배 증가했다. 신차를 구입하지 않고 부품을 교체해가며 오래된 자동차나 자전거를 그대로 유지하고 있는 모습을 볼 수 있다.

그러므로 2장의 퀴즈에서 중년남성에 해당하는 것은 E 연령대이다.

차를 구입하지 않고 반려동물을 키운다

오락 관련 부문에서 젊은 남성과의 차이는 반려동물이다. 반려동물 및 관련 용품이 4.65배나 증가했으며, 사료비도 1.33배 증가했다. 혼자 사는 중년남성 중 개나 고양이를 기르는 사람이 많아지고 있다. 자동차를 사지 않고 반려동물을 기르게 된 것이다.

학원비도 증가하여 1.89배, 특히 음악학원비는 2.33배, 스포츠 3.96 배, 가사 도우미 비용도 5.68배나 증가했다.

치아가 깨끗한 남자가 일을 잘한다?

미용 관련에서는 젊은 남성과 마찬가지로 칫솔, 치약, 비누, 샴푸, 린스, 로션, 크림, 립케어 제품이 증가하고 있다. 외모를 가꾸는 것과 관련한 품목은 젊은 층이나 중년층 모두 증가세를 보인다고 할 수 있다. 현대의 중년남성다운 경향이다.

치약 등 오럴케어 제품은 '잘나가는 남자는 치아가 깨끗하다'는 미국식 가치관의 영향도 있는 듯하다. 도널드 트럼프 미국 대통령도 지나치게 치아가 하얀데, 치아가 깨끗하고 입 냄새가 없으면 행동이나 태도가 적극적이 되기 때문에 비즈니스에도 유리하다는 논리다.

게이오(經應) 대학 대학원 정책미디어연구과 특별 초빙교수인 나쓰노 다케시(夏野 剛) 교수는 이렇게 말한다. "입속이 왠지 찜찜하다고 느끼게 되면 목소리가 작아지고 손으로 입을 가리게 되고 아무래도 소극적인 태도를 취하게 됩니다. 비즈니스에서는 항상 적극적·도전적으로 커뮤니케이션하지 않으면 안 됩니다. 자신감을 갖고 진취적으로 일을 해나가기 위해서라도, 자신이 긍정적인 마인드를 가지기 위해서라도 오럴케어는 필요 불가결합니다."

여러 가지로 번거로운 시대가 되었다.

✎ 실태 리포트

— 남성 52세(컨설팅 회사 근무)

지금까지 결혼할 기회가 몇 번인가 있었는데 결실을 맺지 못했고, 어쩌다 보니 오십을 넘기게 되었다. 결혼 생각이 없는 것은 아니지만 결혼 생활에 대한 이런저런 이야기를 주변에서 많이 듣기 때문에 솔직히 '꿈' 같은 기대감은 없다. 그리고 맞선 같은 것을 보면서까지 결혼을 원하는 것도 아니다.

직장도 안정적이고 경제적으로도 여가를 즐길 정도의 수입은 된다. 함께 여가 시간을 즐길 친구나 지인도 많다. 기본적으로 인생은 즐겁다고 생각하고 있으며 욕망은 끝이 없다고 하듯 더욱 즐기며 살고 싶다.

살고 있는 곳은 긴자(銀座). 지방 근무에서 도쿄 본사로 돌아왔지만 지방에서의 일이 끝나지 않은 상태라 주 2일 정도만 집에 있다. 그런 생활이기 때문에 출장 다니기에 매우 편리한 장소를 선택한 것이다. 월세는 주차장 사용료를 합해 16만 엔. 방은 좁지만 혼자 살기에는 충분하다.

번화가라서 음식점, 편의점, 드러그 스토어, 돈키호테* 등이 가까이 있고, 필요한 것이 있으면 곧바로 사러 갈 수 있는 환경이라 편리하다. 주말에 골프장에 갈 때도 고속도로를 빠르게 탈 수 있다.

귀찮은 것은 세탁과 다림질, 욕실 청소 등이다. 좀 더 돈을 벌면 청소 용역업체에 맡기고 싶은데 아직 거기까지는 무리다.

방에는 가능한 한 물건을 두지 않고 생활감 없이 살고 싶은데 잘 되지는 않는다.

대부분 외식을 하기 때문에 식품은 별로 구입하지 않고 맥주, 위스키, 소다, 커피, 요구르트, 과일, 안주류 등을 주로 구입한다. 안주류는 지역 특산물을 구입할 수 있는 안테나숍에 좋은 것이 많기 때문에 자주 이용한다.

아침밥은 주 2, 3일은 먹지 않는다. 거의 매일 밤 술을 마시기 때문에 숙취까지는 아니어도 아침에는 식욕이 없다. 출장 때 공항이나 기차 안에서는 먹는다. 거기에는 맛있는 것이 있기 때문이다.

점심은 편의점이나 구내 식당은 맛이 없어서 외부에 있는 식당에서 먹으려고 한다. 소문난 집은 가능한 한 가서 먹어보는 편이다.

저녁도 물론 밖에서 먹는다. 외식만 하면 몸에 좋지 않다고 하는데 그렇게 생각하지 않는다. 집에서 먹는 음식도 몸에 좋지 않은 것이 많다.

영양의 균형을 생각하여 건강보조식품도 챙겨 먹고 나름대로 관리하고 있다.

집에서 혼자 밥 먹는 것은 처량하다고 생각하기 때문에 가능한 한 밖에서 먹으려고 하는 것이다. 물론 술과 함께. 술이 조금 부족하다 싶으면 집에서 TV를 보면서 늦게까지 마시고 잔다.

속옷이나 양말 등은 돈키호테에서 구입한다. 종류가 많고 저렴하기 때문이다. 양복이나 와이셔츠 등 비즈니스용 의류는 특별히 정한 브랜드는 없고 필요한 때 멀티 브랜드 스토어에서 비싸지 않은 것으로 구입한다.

특히 양복은 소모품이라고 생각해서 비싼 것을 구입하지 않지만 그렇다고 아오키(AOKI)나 아오야마(靑山)** 같은 것은 싫다. 그래도 한 벌에 5만 엔 정도의 디자인성 있는 것을 백화점에서 구입한다. 좋은 것을 입고 싶지만 옷에 돈을 너무 많이 들이는 것을 싫어하므로 취향에 맞고 가성비가 좋은 것이 있다면 구입한다. 양복 전문 브랜드의 세컨드 브랜드나 세일하는 브랜드, 또는 중고매장에서 구입하는 경우도 있다.

사복은 일본의 디자이너 브랜드를 선호했으나 이제 거기에는 관심이 없고 아르마니, 베네통, 랄프로렌 등의 브랜드에서 나오는 캐주얼 스타일을 좋아한다. 신발에도 돈을 들이고 싶지만 아직 거기까지는 무리여서 가지고 있는 브랜드도 몇 개 되지 않는다.

극단적인 브랜드 지향은 아니지만 좋아하는 것에는 꽤 돈을 쓰는 편이다. 나의 구입 키워드는 '진품', '노포(老鋪)'이며 그것을 가지기에 어울리는 잘나가는 남자가 되고 싶다는 소망이 강하다. 이를테면 골프 클럽은 프로가 사용하는 것을 구입한다. 기량 면에서 보면 약간 오버스펙이지만, 그것을 사용하는 데 쾌감과 사회적 지위를 느낀다.

나는 장남이기에 친척들 보기에 부끄럽지 않은 삶을 살아야 한다는 생각이 강하다. 친척들의 관혼상제에는 반드시 출석하고 부모님을 찾아뵐 때마다 선물에도 각별히 신경을 쓴다. 부모님에게 섭섭한 마음을 안겨드리고 싶지 않다. 그렇지 않아도 손자가 없다는 외로움을 드리고 있으니까. 그러나 지역사회와의 접점은 거의 없다. 내 일을 열심히 하는 것이 사회 공헌이라고 생각한다.

보험은 외국계 생명보험에 30세 정도였을 때 가입. 월 4만 엔 정도의 저축형 보험이다. 보험 설계사가 말하기로는 지금은 없는 좋은 조건이라고 한다. 최근 고액 의료보험, 암 보장을 추가해서 넣었다.

아버지가 8년 전에 타계하셨고 그때 집을 내 명의로 변경했다. 출퇴근하기에는 불편한 장소이므로 앞으로 거기서 살지는 미정이다.

거품경제 시기에 투자용 맨션을 구입해 현재 방 3개짜리 집을 별도로 갖고 있다. 월세 수입으로 대출금을 상환하고 있어서 수익은 없지만 10년 후면 상환이 완료된다. 그러면 연금으로 돌릴 생각이다.

저축은 퇴직금으로 중형 맨션을 구입할 정도는 되기 때문에 적극적으로 하지는 않는다. 유일하게 미국 펀드에 몇 백만 엔 투자하고 있는 정도다.

노후의 불안은 금전적인 면보다 독거의 불안이 훨씬 클지도 모르겠다. 지금과 같은 생활에서 일을 하지 않게 된다면 고독사하겠구나 하는 생각이 든다.

— 남성 58세(요식업 관계)

독신을 원했던 것은 아니지만 어떻게 하다 보니 그렇게 되었다는 것이 가장 큰 이유일 것입니다. 결혼할 기회는 두 번 정도 있었습니다만 잘 안 되었네요.

그 후에는 연애를 해도 깊이 있게 만나지 못하고, 이제 와서 새삼스럽게 무슨…이라는 생각이 들기도 합니다. 그러나 젊은 사람 이상으로 연애에 대해 동경하는 마음도 있습니다.

편리하다는 이유로 번화한 시부야(渋谷) 구에 살고 있지만 생활감이 없는 살림살이입니다.

식사 외에 특별히 사치를 하고 싶은 욕구도 없고, 입는 것은 유니클로에서, 생활용품은 니토리에서, 시계는 5천 엔 이하의 것을 구매합니다. 다만 책은 원하는 대로 구입하고, 식사도 금액은 신경 쓰지 않습니다.

옷은 유니클로에서만 구입합니다. 혼자 사는 생활이 오래되어서 와이셔츠는 50장 정도 구비해두고 있으며 양말, 속옷도 한 달 동안 세탁하지 않아도 곤란하지 않을 만큼 있습니다. 유니클로에서 바구니 두 개에 담을 정도로 옷을 사면 1년치 농사를 다 지은 듯한 느낌마저 듭니다.

나는 또 문구 마니아여서 눈에 들어오는 문구는 무조건 구입합니다.

그 외에는 그다지 물건에 대한 욕심이 없고 20대 후반에 오토바이에 빠진 적이 있지만 그래도 자동차는 지금까지 딱 한 번 구입했습니다.

독서 말고는 취미도 없고 TV를 가졌던 적도 없고 흥미도 없습니다.

요리, 세탁, 청소 등 생활에 필요한 일을 하는 데 불편함을 느끼지 않고 스스로 잘하고 있습니다. 바느질과 다림질은 잘 못하므로 세탁소에 맡깁니다. 심하게 손상되거나 더러워지면 그냥 버립니다.

외식이 많지만 집에서 요리하는 것도 좋아합니다. 마흔다섯 살 정도 되었을 때 죽을 때까지 몇 번이나 식사를 할 수 있을까를 계산했는데, 그 후부터 왠지 외식하는 것이 싫어졌습니다. 그때부터 집에서 제대로 요리해서 먹습니다.

된장국 하나도 가다랑어, 멸치, 표고버섯 등으로 국물을 내고 된장도 보통 네 종류에서 여섯 종류 정도 상비해두고 있습니다. 카레도 시판 카레가루를 사용하지 않고 만들어서 먹습니다. 그래서 마트의 식품 코너를 매우 좋아합니다.

* 식품, 주류, 화장품, 의류, 가전, 보석, 잡화 등을 판매하는 일본 최대의 종합 할인매장.
** 중저가의 기성양복 제조 및 판매 회사.

중년 싱글여성(35~59세)

─ 지중해식 식사와 햄버거
─ 요구르트에 그래놀라와 건과일을 넣어서 먹고, 요가로 건강 유지
─ 낮에는 파스타, 밤에는 치즈를 안주로 와인
─ 잠자리가 편한 침대에서 반려동물과 함께 자고 휴일은 드라이브

중년 싱글여성의 소비 키워드
1. 파워푸드
2. 지중해 지향
3. 가사는 간편
4. 케이크 선호
5. 질병 예방
6. 스포츠
7. 반려동물
8. 위험보험

여성이 남성보다 돈을 더 쓴다

중년여성의 소비지출 총액은 제1기(2002~2006년) 226만 엔에서 제3기 (2012~2016년) 217만 엔으로 별로 줄지 않았다. 중년남성이 30만 엔 이상 감소한 것과는 대조적이다. 게다가 제3기의 소비지출은 중년남성보다 많다.

파워푸드 선호

식비를 보면 쌀이 0.68배 감소했다. 빵은 1.15배로 쌀보다 1만 엔이 나 소비가 많다.

면류도 전체적으로는 변동이 없지만 스파게티와 컵라면이 1.4배 이 상 증가했다.

스파게티와 기타 곡류 소비는 남녀 전 연령대 중에서 가장 높다. 그래 놀라를 비롯해 최근 유행하고 있는 파워푸드의 영향 때문일 것이다.

생선을 멀리하고 지중해 지향?

생선류는 전 품목에서 감소하고 있다. 생선 가공품도 단 한 품목도 증가한 것이 없다.

육류는 중년남성과 동일하고 닭고기와 다짐육이 1.4배 전후로 증가했다.

요구르트 1.4배, 치즈는 1.69배 증가했다. 치즈의 금액은 2831엔이며 남녀 전 연령대 중에서 가장 높다.

혹시나 해서 조사해보니 와인이 2988엔. 증가도 감소도 아니지만 금액은 다른 연령층과 비교했을 때 가장 많다. 미쓰비시종합연구소의 '생활자시장예측시스템' 조사에서도 요구르트, 치즈, 와인을 먹는 빈도가 40대 이상의 여성에서 많다(도표 3-1~3).

다만 전체 주류 소비는 변동이 없으며 증가하고 있는 것은 발포주가 2.09배, 기타 술도 1.79배이다.

도표 3-1 / 싱글이 요구르트를 먹는 빈도

	인원수	매일	주 2~3회
남성 20대	711명	9.8%	8.7%
남성 30대	718	15.7	11.3
남성 40대	777	17.5	10.6
남성 50대	542	22.5	12.4
남성 60대	367	33.8	13.6
여성 20대	404	15.1	13.4
여성 30대	398	21.6	17.3
여성 40대	460	32.4	13.5
여성 50대	319	35.4	19.7
여성 60대	384	49.0	21.1

자료: 미쓰비시종합연구소 「생활자시장예측시스템」(2016).

치즈에 와인에 요구르트에 그래놀라. 이렇게 보니 중년여성의 식생활은 마치 지중해식 같다.

생선도 지중해식으로 요리를 제안하면 잘 팔릴지도 모르겠다.

도표 3-2╱싱글이 치즈를 먹는 빈도

	인원수	매일	주 2~3회	주 1회
남성 20대	711명	1.1%	5.2%	12.5%
남성 30대	718	2.6	5.6	11.7
남성 40대	777	2.8	8.1	13.0
남성 50대	542	6.5	12.2	11.6
남성 60대	367	9.8	14.2	14.2
여성 20대	404	2.2	8.9	12.6
여성 30대	398	4.3	12.1	17.3
여성 40대	460	7.2	19.8	15.7
여성 50대	319	12.2	17.6	20.1
여성 60대	384	16.4	24.0	18.2

자료: 미쓰비시종합연구소 「생활자시장예측시스템」(2016).

도표 3-3╱싱글이 와인을 마시는 빈도

	인원수	매우 자주 마신다	자주 마신다
남성 20대	411명	4.4%	12.7%
남성 30대	404	3.7	8.9
남성 40대	477	4.4	10.1
남성 50대	377	5.0	13.5
남성 60대	232	5.2	10.3
여성 20대	213	5.2	18.3
여성 30대	205	7.3	18.5
여성 40대	227	12.3	21.1
여성 50대	157	10.2	23.6
여성 60대	181	9.9	18.2

자료: 미쓰비시종합연구소 「생활자시장예측시스템」(2016).

간편식사 선호

조미료에서는 건조스프, 풍미 조미료, 소스의 소비가 증가하고 있다. 중년남성이나 젊은 여성과 동일한 경향이다.

조리식품의 증가는 1.15배이며 그중에서도 조리빵, 기타 식사용 조리식품이 1.4배 이상, 샐러드와 냉동 조리식품이 1.5배 이상 증가했다. 이도 중년남성과 비슷하다.

그 밖의 대부분의 조리식품이 감소 경향을 보이고 있는데, 다만 햄버거는 1.62배 증가했다. 이런 경향도 중년남성과 동일하다. 건강 지향이 강한 반면, 시간적 이유로 혹은 간편성을 이유로 식사를 햄버거로 때우는 경우가 많은 실상을 엿볼 수 있다,

식사의 간편 지향은 중년남성이나 젊은 층과 다르지 않다고 할 수 있겠다.

건과일 증가

채소류 소비는 4만 5502엔으로 금액은 변동이 없으나 남녀 전 연령대 중에서는 시니어 여성의 6만 5526엔 다음으로 높고 시니어 남성보다는 조금 많다.

채소류 소비는 여성에서는 금액이 많지만 남성에서는 적고, 특히 중년남성은 2만 3252엔, 젊은 남성에서는 9221엔에 지나지 않는다. 남성의 채소 부족이 염려될 정도다.

품목별로 보면 대체로 모든 품목에서 증감의 변화가 없다. 굳이 증가하고 있는 것을 찾자면 양배추, 브로콜리, 토마토, 피망, 버섯 등의 기본적인 식재료 정도다. 뒤에서 보겠지만 브로콜리는 거의 모든 연령대에

서 증가하고 있다. TV 프로그램을 통해 브로콜리의 장점, 효능이 알려졌기 때문일 것이다.

과일은 거의 모든 품목에서 감소하고 있다. 예외는 키위뿐이다. 다만 과일 가공품은 1.83배로 증가하고 있다. 건과일이다.

일반적으로 중년여성의 식생활은 이미 고정되어 있고 품목별로 약간의 증감은 있지만 전체적으로는 큰 변화가 없다고 보는 것이 좋을 것이다.

과자를 좋아한다

과자류에서는 젤리 1.35배, 기타 양과자 1.58배, 비스킷 1.3배, 스낵과자 1.72배, 초콜릿 1.52배, 아이스크림 1.34배 등 1.3배 이상 증가하고 있는 품목이 많다. 금액은 5만 415엔이며 젊은 여성의 5만 844엔 다음으로 많다. 중년이 되어도 과자가 좋은가 보다.

미쓰비시종합연구소의 조사에서도 싱글 중 케이크를 월 2~3회 이상

도표 3-4／싱글이 케이크를 월 2~3회 이상 먹는 비율

	인원수	월 2~3회 이상
남성 20대	711명	23.3%
남성 30대	718	25.2
남성 40대	777	22.9
남성 50대	542	22.2
남성 60대	367	24.5
여성 20대	404	26.2
여성 30대	398	28.3
여성 40대	460	31.8
여성 50대	319	37.3
여성 60대	384	34.4

자료: 미쓰비시종합연구소 「생활자시장예측시스템」(2016).

먹는 사람의 비율은 50대 여성에서 가장 많았다(도표 3-4).

미네랄워터는 능력 있는 여자의 상징?

음료에서는 커피, 탄산음료, 유음료, 미네랄워터가 증가하고 있다. 미네랄워터의 금액은 3198엔이며 젊은 남성의 3411엔 다음으로 많고, 중년남성의 3166엔이 뒤에 온다. 증가율은 1.42배, 중년남성도 1.42배이다.

나의 추측이지만 중년여성들은 미네랄워터 페트병을 들고 다니는 것이 멋있다고 생각하는 것 같다. 내 기억으로 미네랄워터 페트병을 가지고 다니기 시작한 것은 1986~1987년경의 여고생이 처음이다. 즉, 지금의 40대 전후 세대이다. 당시에는 그것이 세련된 도시여성을 상징했고 그래서 멋있다는 이미지가 있었다. 그런 인식이 아직도 남아 있는 것일까?

물론 미용에 좋은 고가의 미네랄워터를 구입하는 사람도 중년여성이 많다.

도표 3-5／싱글이 미네랄워터를 마시는 빈도

	인원수	매우 자주 마신다	자주 마신다
남성 20대	711명	14.6%	15.3%
남성 30대	718	14.2	18.8
남성 40대	777	14.5	13.8
남성 50대	542	12.2	11.6
남성 60대	367	12.8	15.5
여성 20대	404	16.8	16.6
여성 30대	398	18.8	15.6
여성 40대 이 중 연수입 400만~600만 엔	460 68	19.3 32.4	13.7 17.6
여성 50대	319	12.9	15.4
여성 60대	384	12.8	15.4

자료: 미쓰비시종합연구소 「생활자시장예측시스템」(2016).

미쓰비시종합연구소의 조사에서도 미네랄워터를 매우 자주 마시는 세대는 40대 싱글여성이며(19%), 이 중 32%가 연수입 400만~600만 엔의 고액 수입자였다(도표 3-5). 미네랄워터는 역시 능력 있는 여자의 상징인가 보다.

다만 증가율은 시니어층에서 더 높다. 시니어 여성이 1.59배, 시니어 남성이 1.38배로 중년세대의 트렌드가 시니어까지 확산되었다고 볼 수 있다.

젊은 여성은 2704엔으로 0.86배 감소했다. 심플 지향, 에코 지향이 강하고 개인 텀블러를 가지고 다니는 사람이 많기 때문으로 추측된다. 10년 후 즈음에는 미네랄워터를 구입하지 않고 텀블러를 가지고 다니는 것이 중년여성의 트렌드가 될 수도 있겠다.

패션보다 수면

가구에서는 응접세트(테이블 없이 소파 단품 포함)와 조명기구가 4배 전후로 증가했다. 침대는 5.69배, 이불은 1.87배 증가했다. 젊은 남녀, 중년남성과 동일하게 인테리어 지향이 보이고 동시에 편안한 잠자리에 무척 신경 쓰고 있음을 알 수 있다.

한편 정장은 0.76배, 스커트는 0.43배 감소했다. 그 밖의 의류 품목도 모두 감소 경향에 있다. 속옷도 0.79배 감소했다.

풍요로운 거품경제 시대를 향유한 현재의 싱글 중년여성들이 옷을 사지 않고 있다. 그녀들도 패션보다 인테리어에 신경을 쓰고 피로를 풀기 위해 침대, 이불에 돈을 쓰고 있다.

증가하는 가사 대행 서비스

가사 대행, 가사용품 관련 서비스도 1.5배 전후 증가하고 있다. 가사 서비스 전체는 1.2배 증가했고 금액도 5700엔으로 높다. 가사의 외부화가 진행되고 있다.

시니어 여성에서는 가사 서비스 전체의 증감률 변동은 없지만 금액은 1만 216엔으로 더욱 많아졌다. 이 중 가사 대행료가 1.28배 증가했다.

시니어 남성은 가사 대행료가 1.72배, 가사 서비스 전체 금액은 8687엔이다.

증가율만 보면 중년남성은 가사 서비스 전체 1.21배, 청소비만 1.69배 증가했다. 젊은 남성은 가사 서비스 전체 1.21배, 청소비만으로는 1.66배 증가했고, 젊은 여성은 가사 서비스 전체 1.82배, 가사 대행료는 제1기 0엔에서 제3기 338엔으로 증가했다.

이처럼 가사 서비스는 남녀 전 연령대에서 증가세이고 향후 더욱 확대될 전망이다.

아줌마는 되고 싶지 않다

미용 관련에서는 다른 연령층과 마찬가지로 치약, 칫솔, 비누, 샴푸, 린스가 증가하고 있다. 특히 치약은 1.74배나 증가했다. 크림, 파운데이션도 증가하고 있고 중년이어서 그런지 발모제도 1.2배 증가했다. 모발염색제를 포함한 기타 화장품도 감소하고 있지 않다.

치아도 관리하고 화장도 하고 흰머리도 감추고… 아줌마처럼 보이고 싶지 않다는 의지가 보인다.

향기에 취하다

세탁용 세제가 1.48배 증가했고, 기타 가사용 소모품도 1.74배, 금액으로는 8660엔으로 다른 연령층과 비교하여 최대이다. 여기에는 표백제나 섬유 탈취제 같은 품목도 포함된다. 또한 섬유 유연제, 방향제가 최근 「가계조사」 품목에 추가되어 향기제품의 인기를 실감할 수 있게 한다.

중년여성뿐만 아니라 중년남성에서도 좋은 향기를 원하는 경향 또는 악취를 피하려고 하는 경향이 강해지고 있다. 그 때문인지 혹은 청결 지향 때문인지는 모르지만 기타 가사용 소모품의 증가는 어느 연령대에서나 1.7배 이상 증가세를 보이고 있다.

아파트 등에서의 주민불만 신고도 냄새와 관련된 사항이 증가하고 있다고 한다.

의류에서 의료

얼마 전 50세 가까이 된, 어느 의류기업의 디자이너로 오랫동안 일해왔던 미혼여성을 만났다. 세대적으로는 거품경제 세대. 풍요로운 시절이었던 만큼 그녀는 중학교 때부터 패션, 음악, 카페 등 당시의 모든 첨단적인 도시문화에 접촉해왔다.

그런 그녀가 의류회사를 그만두고 의료 관련 일을 하고 있다고 한다. 의류에서 의료로 이동한 것이다. 전직의 이유는 의류는 세상에 도움을 주지 못한다고 생각했기 때문이라는 것이다. 이런 화려한 경력의 여성도 그렇게 생각하는 시대인가 싶어 나는 조금 놀랐다. 이러니 옷이 팔리지 않는 모양이다.

시니어 못지않은 보건의료비

의약품, 보건의료 기구, 보건의료 서비스를 포함한 보건의료비의 증감률에는 변화가 없지만 금액은 9만 5515엔으로 시니어 여성의 10만 4979엔 다음으로 높고 시니어 남성의 8만 8538엔을 웃돈다.

또한 마사지 요금이 7528엔으로 많고 건강 검진 등 검진비도 3522엔으로 중년남성보다 훨씬 많다. 이러한 보건의료 서비스의 합계는 4만 7582엔이며 시니어 여성보다 약간 적을 뿐이다.

아무래도 남성보다 오래 살고 혼자 사는 시간이 길다는 것이 이런 예방과 케어에 대한 소비를 증가시키게 된 원인 같다.

자동차를 사기 시작했다

자동차 구입비는 제1기에서 제2기에 0.3배 감소했고 제2기에서 제3기에는 1.74배 증가했다. 싱글 중년여성이 최근에 자동차를 구입하기 시작했다고 볼 수 있다. 운전 교습비도 1.29배 증가하고 있다. 시니어 여성도 자동차 구입비가 증가하고 있기 때문에 향후 중년 이상의 여성에서 자동차 소비를 기대할 수 있을 것 같다.

여성의 독신화가 시작되고 전년도 합계특수출생률(여성 1명이 평생 출산하는 아이 수)이 1.57까지 떨어졌던 것이 화제가 되었던 1990년, 『결혼하지 않을지도 모르는 증후군』이라는 수필이 베스트셀러가 되었고 다음 해에는 TV 드라마로 나왔다.

이 책의 저작자인 다니무라 시호(谷村 志穂)는 당시 28세, 출판사 근무를 거쳐 프리랜서가 된 여성이다. 이 작가가 탔던 자동차가 당시 인기였던 마쓰다의 로드스터(roadster)이다. 이 자동차는 소형으로 매끄러운 보디 디자인과 아름다운 컬러를 매력 포인트로 내세우며 여성들의 인기를 끌었다. 그러고 보니 지금 50대가 된 이 세대가 자동차를 구입하는 것이 그리 이상한 일은 아니라는 생각이 든다.

한편 자전거도 3.55배 증가했다.

케이블 TV를 좋아한다

이동전화 통신료가 3.25배 증가했고, 케이블 TV 방송 수신료는 1.88배, 기타 수신료는 2배로 증가하고 있다.

이동전화 통신료는 7만 3889엔으로 젊은 여성보다는 조금 낮고 젊은 남성과는 거의 동일한 금액이며 중년남성보다는 많다(중년남성은 6만 7953엔).

케이블 TV 방송 수신료는 7488엔이나 되고 시니어 남성의 8477엔 다음으로 많다. 시니어 여성은 6514엔, 중년남성은 6949엔이며, 젊은 남성에서는 높지 않다. 중년 이상의 연령대에서 케이블 TV를 좋아하는 경향이 강하다.

스포츠 관람의 증가

오락 관련에서는 스포츠 관람료가 3.04배 증가했다. 이는 제1기에서 제2기 사이의 증가율이 공헌한 결과이며, 당시 피겨 스케이트의 인기가 높았기 때문으로 볼 수 있다. 시니어 여성에서도 스포츠 관람료가 3.7배 증가했으며 제1기에서 제2기, 제2기에서 제3기 모두 2배 전후 증가했다. 이는 제1기에 중년이었던 세대가 제3기에서는 시니어가 되었기 때문일 것이다.

스포츠 관련 학원비도 1.23배로 증가했고 요가교실 등에 다니는 사람이 많다.

옷보다 반려동물

이미 반려동물을 기르고 있는 사람이 많아 반려동물 및 관련 용품은 0.73배 감소했지만 동물병원비는 3.23배로 증가했다. 금액이 1만 740엔이나 된다. 사료비는 증감 변동이 없으나 그래도 8774엔이나 된다. 그 밖에 반려동물 용품비 6652엔, 기타 관련 서비스가 5927엔. 합계 3만 2천 엔 이상이다. 이것은 상하수도 요금보다 3천 엔 이상 많고 쌀의 4배 이상, 여성용 의류보다 1만 엔 이상 많은 금액이다. 반려동물과 관련한 지출로 인해 의류비가 감소하고 있다고 볼 수도 있겠다.

미쓰비시종합연구소의 데이터에 의하면 반려동물을 개나 고양이로

도표 3-6／남녀별·연령별 개, 고양이 보유율

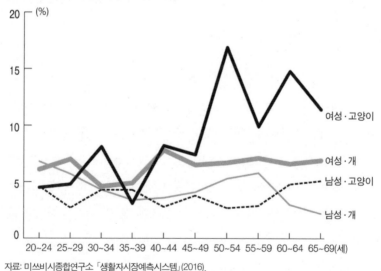

자료: 미쓰비시종합연구소 「생활자시장예측시스템」(2016).

만 한정하고 둘 다 기르는 경우는 없다고 가정하면 25~59세 여성의 개, 고양이 보유율은 15%이다(도표 3-6). 거의 여섯 명 중 한 명이 반려동물을 키우고 있는 셈이다.

싱글 중년여성 한 가구당 연간 3만 엔이라고 하는 반려동물 관련 지출은 실제 반려동물이 있는 사람으로만 한정하면 약 18만 엔이 된다. 엄청난 금액이다.

남편 대신 보험

비저축형 보험은 제3기에만 연 3만 6366엔으로 다른 어떤 연령층보다 높다. 증가율도 1.51배이다.

비저축형 보험이라는 것은 손해보험, 상해보험, 여행보험, 골퍼보험 등이다. 의지할 남편이 없는 싱글여성이 중년이 되면 이런 보험에 돈을 들일 수밖에 없는가 보다. 비저축형 보험은 시니어 여성에서도 2만 9776 엔, 1.6배로 증가하고 있고, 중년남성도 2만 8039엔, 2.26배 증가했다.

비저축형 보험으로서 최근 인기가 급증하고 있는 것은 일할 수 없게 되었을 때 수입을 보장하는 보험, 즉 취업불능 보험이다. 미국의 보험회사 아플락(Aflac)이 2016년에 출시한 '급여지원 보험'으로 출시되자마자 업계에 돌풍을 일으킨 보험이다. 이후 각 보험사가 이 상품을 출시하기 시작했다.

2010년대에 보험업계는 의료보험 판매 경쟁이 치열했다. 각 보험사가 앞다투어 판매한 결과 의료보험은 수요 정체를 맞이하게 되었다. 그러면 다음에는 무엇을 팔아야 하나? 고심하던 때에 '병'과 '죽음' 사이에 있는 '일하지 못하는 위험'에 눈이 간 것이다.

특히 싱글이라면 생명보험을 드는 의미가 없다. 그보다는 질병으로 인해 일을 할 수 없게 되거나 수입이 줄거나 없어지는 것이 더 큰 위험이므로 그를 위한 보험에 드는 것이 훨씬 현실적이다.

미쓰비시종합연구소의 「생활자시장예측시스템」의 설문조사 결과를 보아도 남성, 40대, 자유업자, 자영업자 등에서 이 보험에 드는 사람이 많다. 보험업계는 이 보험상품의 타깃을 싱글여성으로 보고 있는데,「가계조사」를 보아도 중년의 싱글여성이 이 취업불능 보험에 가입할 가능성이 매우 높다.

그러면 2장에서 제시한 퀴즈에서 중년의 싱글여성에 해당하는 것은 F 연령대이다.

장례 준비?

제기·비석 구입이 3.16배 증가했다. 금액은 중년남성보다 많지만 증가율은 남성이 11.47배로 급증하고 있다. 증가율은 남녀 모두 중년층에서 크고 금액도 시니어 여성 다음으로 중년 남녀가 많다.

묏자리까지 구입했는지는 모르지만 중년싱글에게 자신의 장례가 어떻게 치러질지는 확실히 중요한 문제이다.

종합해서 보면 중년여성은 바빠서 햄버거로 식사하는 경우가 많지만, 그 대신 요구르트에 그래놀라와 건과일 등을 넣어서 먹고 요가로 건강을 유지하고 있다. 낮에는 파스타, 밤에는 치즈를 안주로 와인을 마시고 잠자리가 편한 침대에서 반려동물과 함께 자고 휴일에는 드라이브를 즐긴다. 그녀들 중에는 반려동물과 함께 묻히고 싶은 사람도 있을 것이다.

✎ 실태 리포트

— **여성 46세(의류회사 근무, 연봉 600만 엔 이상)**

최근에는 먹는 것에 돈을 쓰고 있습니다.

주로 지방의 특산물을 구입합니다. 음식 관련 세미나 등에 참석하는 횟수도 많아졌습니다. 패스트푸드나 패밀리 레스토랑에는 잘 안 가게 되었습니다.

그리고 1박 여행을 자주 하는데 차츰 그 질을 올리고 있는 중입니다.

옷은 다양한 브랜드를 보고 구입하는 경우가 줄고 특정 매장에서 구입하고 있습니다. 백화점에는 일 때문에 가기는 하지만 옷이 아니라 식품, 화장품, 선물, 구두 같은 것을 구입합니다.

아마존(Amazon.com)에서도 가끔 옷을 구입하는데 한 번 구입하고 마음에 드는 옷은 반복 구입합니다. 고르는 번거로움을 줄이기 위해서입니다.

오프라인 매장에서 자주 구입하는 브랜드라면 사이즈도 품질도 알기 때문에 바쁠 때는 브랜드의 온라인 사이트에서 구입하기도 합니다.

미래에 대한 불안은, 현재 어머니는 암이고 아버지는 치매가 의심됩니다. 교외에 있는 부모님 집에서 직장까지 1시간 30분이 걸리므로 부모님 집에서 통근하는 것은 무리입니다. 부모님께 이쪽으로 이사를 권하고 싶지만 도심에 사는 것이 익숙하지 않은 부모님에게는 부담이 될 것 같아 망설이고 있습니다. 그리고 어머니가 먼저 돌아가시고 아버지가 홀로 남게 되지 않을까 하는 불안도 있습니다.

나는 지금 월급쟁이라 60세에 정년을 맞습니다. 정년 후에도 일을 할 수 있을지, 그때를 위해 무엇을 준비해두는 것이 좋을지, 일하지 않고 65세의 연금 수령 때까지 버틸 수 있을지, 건강을 잃었을 때 생활은 어떻게 해나가야 할지 등이 걱정입니다.

앞으로도 결혼은 생각이 없지만 친한 사람이 근처에 있는 환경이라면 마음이 든든할 것 같습니다.

— 여성 47세(임대주택 관리업, 이혼, 연수입 600만 엔 이상)

식품은 유기농 채소, 오가닉 상품 등 산지나 품질에 신경 쓰고 있어요. 건강기능식품도 빼놓지 않고 있답니다.

여행은 좀 사치스러워졌고 배낭여행 같은 고달픈 여행은 안 하고 싶어요.

직장에서의 책임도 늘어났기 때문에 공부를 위해 책(전자 서적)을 자주 구입합니다. 주로 아마존이나 라쿠텐 등에서 구입하는 비율이 상당 부분 증가하고 있어요. 자기 계발을 위해 스터디 모임, 자격증 취득 공부도 많이 하고요.

친구나 지인들과 맛있는 음식을 먹는 횟수도 잦아졌고, 회당 금액도 높아졌습니다. 반대로 사내 회식에는 잘 참가하지 않게 되었네요.

옷은 오래 입을 수 있는 것을 사고 내가 정말 좋아하는 스타일이 어떤 것인지 알게 되어 불필요한 소비는 하지 않게 되었습니다.

다행히도 어머니가 건강하셔서 요양원 같은 곳은 고려하지 않고 건강한 때를 즐겁게 보내시라고 커뮤니티 모임이 잘 되어 있는 아파트를 구입하여 이사했습니다. 물론 재혼도 생각하고 있답니다!

— 여성 57세(부동산업, 사별, 연수입 600만 엔 이상)

소비는 수적으로는 줄었지만 금액은 늘었습니다. 필요하다고 생각하는 것만 구입하게 되었거든요. 마음에 들면 가격을 보지 않고 구입하는 경우가 꽤 있습니다.

특히 식품에 신경을 많이 씁니다. 가능한 한 유기농이나 무첨가 식품을 선택합니다. 이 외에 특별히 신경 써서 구입하는 것은 없지만 좋아서 구입하는 것은 화분입니다.

그리고 최근 관혼상제가 유독 많아진 것 같아요.

백화점에 가는 횟수는 눈에 띄게 줄었습니다. 트렌드에 뒤처지지 않으려고 1년에 한두 번 정도는 가지만 사실 구입하고 싶은 것이 있는 것은 아닙니다.

옷은 업무상 고객 매장을 이용하고 거의 거기서 추천해주는 것으로 구입합니다. 아마존에서는 잡화류나 책을 구입합니다. 역시 편리합니다. 다만 수개월에 한 번은 서점에 나가 읽고 싶은 책을 찾습니다.

앞날을 걱정한다 해도 될 일은 되고 안 될 일은 안 된다고 생각하기 때문에 크게 개의치 않습니다. 다만 돈이 충분하지 않아도 즐겁게 지낼 수 있도록 하고 있습니다.

— 여성 42세(외국계 패션기업 근무, 현재는 스트레스로 휴직 중)

너무 바쁘게 일에만 몰두하던 어느 날 갑자기 컴퓨터 키보드를 칠 수 없게 되어 의사에게 보였더니 스트레스라고 하더군요. 그래서 지금은 휴직 중입니다. 살다 보니 이런 일도 다 있구나 하는 생각이 드네요.

휴직 중에는 급여의 60%에 해당하는 보조금이 나오지만 연금 부담분 등은 거꾸로 회사에 입금해야 하고 월세도 있어서 그렇게 마음 편히 지낼 형편은 아닙니다.

그래도 한 3년 정도는 생활할 수 있는 돈이 있어서 아직은 문제가 없으나 여행 경비나 벌어보려는 목적으로 주식 투자를 하고 있습니다. 힐링도 할 겸 태국의 아유르베다 프로그램에 참가하고 싶거든요. 200만 엔을 운용하여 열흘 만에 20만 엔을 벌었답니다.

여행을 좋아하고 특히 같은 나라에 여러 번 가는 편입니다. 스페인의 이비사 섬에는 벌써 열 번 정도 갔고 그곳의 카페에서 라운지 음악을 실컷 듣고 왔습니다. 그쪽에서는 유명한 DJ들이 카페에서 많이 일하더군요. 보통은 현지에서 친해진, 음악 스튜디오를 경영하고 있는 친구 집에서 민박을 하고 차를 빌려 여기저기 카페 순회를 하고 다닙니다.

취미를 넘어 라운지 음악의 레코드 판매 회사를 차린 적도 있습니다. 현지에서 다양한 CD를 공수해 와서 온라인으로 판매했는데 나름 꽤 잘 팔렸습니다. 지금은 폐업한 상태입니다.

옷에는 별로 투자하지 않습니다. 오늘도 자라(ZARA)나 바나나 리퍼블릭(Banana Republic)에서 옷을 샀답니다.

돈은 역시 사람과 만나거나 맛있는 것을 먹거나 마시는 등의 커뮤니케이션용으로 쓰는 경우가 많습니다.

4 장

싱글세대의 소비: 시니어 남녀

시니어 싱글남성(60세 이상)

— 미국식 선호
— 빵과 케첩과 마요네즈, 자동차와 스포츠 증가
— 식사는 술과 안주 중심
— 치아와 눈이 깨끗한 젊은 할아버지가 되고 싶다

시니어 싱글남성의 소비 키워드
1. 젊었을 때 애용한 상품을 계속 구입
2. 조리식품은 주로 반찬류를 구입
3. 스포츠 선호
4. 자동차와 손목시계에 돈을 쓴다
5. 깔끔한 할아버지가 되기를 원한다

컵누들* 1세대, 시니어가 되다

시니어 남성의 소비지출 총액은 제1기(2002~2006년)에는 190만 엔이었는데, 제2기(2007~2011년)와 제3기(2012~2016년)에서는 둘 다 175만 엔으로 15만 엔 감소했다.

식비는 52.4만 엔에서 51.8만 엔으로 감소했지만 그 폭이 적기 때문에 비율은 오히려 상승했다고 볼 수 있다.

품목별로 보면 쌀이 0.64배 줄었다. 시니어층에서도 이만큼 쌀 소비가 줄어드는 것이 놀라운 일이기는 하나 전후(戰後)에 태어난 단카이 세대가 시니어층의 중심을 이루고 있기 때문에 식생활의 상당 부분이 서양화되어 있는 것이다.

따라서 빵은 1.27배, 그중 식빵이 1.23배, 식빵 외 기타 빵이 1.3배 증가하고 있다.

면류는 1.18배이지만 스파게티는 1.64배 증가했다. 그러나 금액은 220

---

* 인스턴트 라면을 개발한 닛싱식품에서 1971년에 출시한 컵라면 브랜드.

엔밖에 증가하지 않았다. 중화면은 1.36배, 컵라면은 1.89배 증가했다.

그러고 보니 지금의 시니어는 '컵누들'이 처음 발매되었을 당시 25세 전후였다. 시니어가 되었다 해도 컵라면에 저항감이 없는 세대라고 할 수 있겠다.

제3기에서 면류 전체와 컵라면의 소비금액을 남녀 연령별로 비교하면 다음과 같다.

	면류 전체	컵라면
시니어 싱글남성	9012엔	2546엔
중년 싱글남성	9495	4301
젊은 싱글남성	7311	3980
시니어 싱글여성	7101	970
중년 싱글여성	7067	1905
젊은 싱글여성	5641	2105

압도적으로 남성이 높고 특히 젊은 남성에서는 컵라면이 면류의 과반수를 점하고 있다. 금액 면에서는 중년남성이 가장 높다.

한편 다른 연령대와 마찬가지로 기타 곡류가 1.66배 증가했다.

생선보다 육류

생선류는 게와 연어를 제외한 모든 품목이 감소하고 있다. 최근 일본인의 게 사랑은 이상할 정도다.

생선살을 주재료로 하는 어묵 관련 제품은 1.25배 증가했다. 생선을 먹지 않는 대신 가공식품을 먹는 것 같다. 물론 간편함도 한몫할 것이다.

육류는 소고기, 돼지고기, 닭고기, 다짐육 전부 1.1~1.3배, 소시지, 베이컨은 1.5배 전후로 증가했다. 시니어 남성은 육류도 가공된 것을 좋아하는 것 같다.

또한 요구르트가 1.62배, 치즈가 1.35배 증가했다. 이렇게 보니 시니어 남성의 식생활이 서구화되었다는 것이 분명해졌다.

키위와 바나나

채소는 약간 감소하고 있지만 양배추, 상추, 브로콜리, 콩나물, 토마토, 표고버섯은 1.3배 전후로 증가하고 있다. 연근은 1.9배이다.

과일은 오렌지, 바나나, 키위가 증가했고, 특히 키위는 2.25배나 증가했다. 과일 가공품도 1.32배 증가하고 있다.

키위는 30년 전에는 귀한 과일이었고 그래서 고급으로 인식되었는데 비타민 C가 풍부하다는 이유로 대중화되어 우리 식생활에 정착한 과일이다. 바나나의 증가는 시니어 남녀와 중년남성에서 보이는 경향이다. 바나나가 고급 과일이었던 시절의 기억 때문일까?

케첩, 마요네즈, 드레싱을 선호

조미료에서는 식용유, 케첩, 마요네즈, 드레싱, 고형카레, 건조스프, 후리가케 등이 증가하고 있다.

케첩의 증가는 젊은 남성에서는 없는 경향이며 금액도 젊은 층보다 중년이나 시니어 쪽이 2배 가까이 많고 시니어가 가장 많다.

마요네즈, 드레싱의 금액도 마찬가지로 젊은 세대보다 시니어 쪽이 2배 가깝게 많고 시니어가 가장 많다.

기타 조미료의 증가율은 1.19배로 미미하지만, 금액은 젊은 남성이나 중년남성보다 높다. 언제부터 혼자 살고 있는지는 모르지만 젊은 시절부터 줄곧 혼자 살았다면 자취 경력도 50년 이상일터. 중식, 일식, 양식 등을 먹어온 긴 역사가 있기 때문에 젊은 세대보다는 조미료의 증가율이 높을 수밖에 없지 않겠는가.

미국의 영향

과자류의 소비금액은 2만 8286엔으로 젊은 남성과 거의 동일하다(도표 4-1).

품목별로는 기타 양과자, 스낵과자가 1.7배 이상으로 증가율이 가장 높다. 젤리, 푸딩, 초콜릿 과자, 아이스크림도 1.5배 전후 증가했다.

시니어가 된 단카이 세대는 어린 시절부터 20대에 걸쳐 전후(戰後) 곧

도표 4-1／제3기에서 과자류의 연간 평균지출 비교

	젊은 남성	시니어 남성	시니어 여성
과자류 전체	2만 8484엔	2만 8286엔	4만 8654엔
양갱	92	400	943
만주	303	739	1223
기타 전통과자	1607	5019	8645
카스테라	174	512	924
케이크	1908	1403	2595
젤리	650	507	1271
푸딩	590	403	797
기타 양과자	3127	2061	4129
센베이	872	2388	4273
비스킷	1495	1149	1937
스낵과자	2970	1033	1049
사탕	657	1311	1348
초콜릿	2079	1443	2634
초콜릿 과자	787	227	403
아이스크림	3288	2252	3036
기타 과자	7887	7438	1만 3448

자료: 총무성 「가계조사」(2012~2016).

바로 미국 문화가 밀려들어 와 케첩이나 마요네즈, 드레싱에 익숙한 세대이다. 또한 초콜릿, 아이스크림, 스낵 같은 미국의 식문화에 친숙하고, 그 영향이 지금도 남아 있는 것이다.

그래도 양갱, 만주, 센베이 등의 일본 전통과자의 구입도 시니어 남성이 젊은 남성보다 금액이 훨씬 많아 일본의 시니어다운 모습을 유지해주고 있어서 다행이다.

조리식품을 많이 구입하는 시니어

시니어 남성의 조리식품 소비금액은 8만 2757엔으로 젊은 남성과 거의 동일하다. 그러나 증가율은 1.23배로 젊은 남성보다 크다.

젊은 남성은 조리식품 중 도시락 구입이 3만 3685엔을 차지하고 있는데 시니어 남성은 일을 하지 않는 사람이 많기 때문에 도시락은 1만 5087엔에 지나지 않고 대신 기타 조리식품이 4만 4402엔으로 많다. 밥만 집에서 하고 반찬은 구입해서 먹는 것이리라. 아니다. 쌀 소비가 감소하고 있는 것으로 보아 밥도 즉석밥을 전자레인지에 돌리는지도 모른다. 혹은 술안주일 수도 있다. 젊은 남성의 기타 조리식품 금액은 시니어 남성의 절반인 2만 3209엔이다.

초밥 도시락도 젊은 남성은 3683엔이지만 시니어 남성은 8654엔이나된다. 역시 집에서 밥을 하지 않는 모양새다.

품목별로 보아도 증가율이 높은 것이 많다. 주먹밥, 튀김은 1.3배 전후, 만두 1.59배, 햄버거 1.96배, 기타 식사용 조리식품, 샐러드, 고로케는 1.5배 이상, 냉동 조리식품은 2.4배나 증가했다.

술은 발포주가 2.32배이며 금액은 6484엔, 맥주는 0.79배로 1만 1005

엔이다. 수년 후에는 발포주가 맥주 소비를 넘을 듯하다. 소주는 1.27배 증가했다. 역시 조리식품은 저녁 반주의 안주용으로 쓰이는가 보다.

외식은 0.88배로 감소하고 있다. 증가하고 있는 것은 '기타 면류 외식' 뿐이며 그중 대부분은 스파게티인데 증가율이 1.13배이므로 크게 늘어나고 있는 것은 아니다. 확실히 외식에서 조리식품으로 트렌드가 흘러가고 있다.

조리식품 산업은 증대하는 시니어 남성의 수요에 대응하면서 향후 더욱 성장해갈 것으로 보인다.

사택 주거 증가

주거비에서 흥미로운 점은 사택 임대료가 3.61배나 증가하고 있다는 사실이다. 정년을 넘겼을 텐데 왜 사택이나 기숙사비가 증가하는지 의문이다. 자세히 보면 2013년 이후에 증가 경향이 뚜렷하게 나타난다.

이는 2013년 4월부터 정년 연장을 의무화하는 법률이 시행되어 60세 이후에도 일을 할 수 있게 되었기 때문에 어떤 고용형태로든 일을 하는 시니어가 생겨났고, 이로 인해 회사가 소유하고 있거나 빌리고 있는 주택의 임대료 지출이 증가한 것이다.

자동차, 오토바이, 손목시계에 지출

자동차 구입비가 1.46배 증가했다. 지금 시대에 자동차 구입비가 증가한다는 것은 기업 입장에서는 고마운 일이다. 그러나 제2기에서 제3기에는 0.73배 감소했으므로 향후 전망이 긍정적이지만은 않다.

오토바이가 주를 이루는 '자동차 이외의 수송기기' 구입비는 2.85배 증가했다. 금액은 젊은 남성의 6651엔에는 못 미치지만 젊은 층의 증가율은 1.37배밖에 되지 않으므로 역시 시니어의 소비에 기대가 높아질 수밖에 없다. 중년남성에서는 0.75배 감소를 보이고 있다. 시니어 남성에게 오토바이는 정년 후의 즐거움인 것 같다.

자전거 구입비는 1.78배이며 제2기에서 제3기에 걸쳐 2.27배 증가했으므로 향후에도 성장이 예상된다.

또한 손목시계가 4.71배나 증가했다. 퇴직금을 썼는지는 모르지만 자동차와 손목시계라고 하는 고액 상품에 돈을 쓰는 시니어가 꽤나 있는 듯하다.

여성의류 구입

의류에서는 본인을 위한 품목은 증가하지 않는데 어린이 속옷 9.5배, 여성용 신발 8.25배, 여성용 스웨터 5.67배, 여성용 슬랙스 3.52배, 스커트가 2.83배 증가했다. 아내가 함께 있는 경우가 아니기 때문에 딸을 위한 것인지 혹은 여자친구를 위한 것인지는 알 수 없다.

신나게 살고 싶다

교양오락 관련에서는 스포츠 용품이 1.38배 증가한 것 외에 특별히 증가한 품목은 없다.

서비스 품목에서는 어학원비가 1.85배, 스포츠 관련 학원비가 1.95배로 증가율이 크다. 스포츠 시설 사용료는 변동이 없지만 금액은 1만 8621엔이나 되고 남녀 각 연령대 중에서 가장 높다. 스포츠 관람료도 2.88배이다.

그에 반해 젊은 남성은 스포츠 용품이 1.19배 증가한 것 외에는 스포츠 관련 학원비 0.62배, 스포츠 시설 사용료는 0.86배로 감소하고 있어 스포츠 소비는 젊은 세대에서 시니어로 이동하고 있는 것으로 보인다.

한편 반려동물 사료비가 1.37배, 동물병원비가 3.83배 증가하고 있다. 동물병원비 증가는 다른 연령층 대비 현저히 높다.

그러면 2장의 퀴즈에서 시니어 싱글남성에 해당하는 것은 B 연령대이다.

치아와 눈 케어로 젊게

미용 관련에서는 다른 연령대와 마찬가지로 헤어커트, 치약, 칫솔, 크림, 립케어 제품이 증가하고 있다.

중년남성이나 시니어 남성에서 립케어 제품을 사용하는 사람이 많을 것이라고는 생각하지 않았는데, 사실 이렇게 말하는 나도 사용하고 있기는 하다. 매끈하고 촉촉한 입술을 가진 깔끔한 할아버지가 되고 싶다는 인식이 강한 것 같다.

보건의료비는 1.09배로 미미하게 늘었는데 의약품이 1.21배, 병원 진료비가 0.94배인 것으로 보아 병원에 가지 않고 약으로 치료하는 경향이 있는 것 같다. 특히 기타 의약품은 1.97배, 1만 2261엔으로 증가율도 금액도 크다. 이는 시니어 여성에서도 동일한 경향이다.

그런데 병원에는 가지 않지만 치과는 자주 다니나 보다. 치과 진료비가 1.67배, 금액도 1만 450엔으로 높다.

또한 콘택트렌즈가 금액은 높지 않지만 증가율은 1.57배이다. 이와는 대조적으로 안경의 소비는 큰 변화가 없다.

틀니는 물론이고 치아가 지저분하고 안경을 쓰면 노인처럼 보여서 싫은 것이다. 치아와 눈이 아름답고 깨끗한 젊은 시니어로 보이기를 원하는 사람이 많아지고 있다.

가사 수요 증가

사별 또는 이혼한 싱글의 생활 만족도를 자녀의 유무별로 보면 자녀가 있는 사람이 남녀 모두 만족도가 높고, 남성의 사별싱글 중 자녀가 없는 사람은 만족이 32%인데 자녀가 있는 사람은 59%로 큰 차이를 보이고 있다(도표 4-2).

여성의 경우 사별싱글에서 자녀가 없는 사람은 불만족이 25%로 자녀

도표 4-2／사별·별거 싱글의 생활 만족도(자녀 유무별)

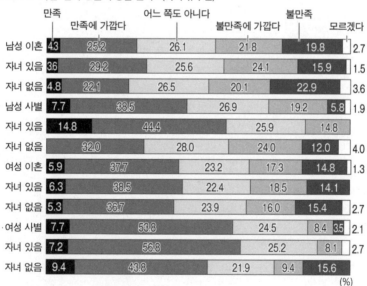

	만족	만족에 가깝다	어느 쪽도 아니다	불만족에 가깝다	불만족	모르겠다
남성 이혼	4.3	25.2	26.1	21.8	19.8	2.7
자녀 있음	3.6	29.2	25.6	24.1	15.9	1.5
자녀 없음	4.8	22.1	26.5	20.1	22.9	3.6
남성 사별	7.7	38.5	26.9	19.2	5.8	1.9
자녀 있음	14.8	44.4	25.9	14.8		
자녀 없음	32.0	28.0	24.0	12.0		4.0
여성 이혼	5.9	37.7	23.2	17.3	14.8	1.3
자녀 있음	6.3	38.5	22.4	18.5	14.1	
자녀 없음	5.3	36.7	23.9	16.0	15.4	2.7
여성 사별	7.7	53.8	24.5	8.4	3.5	2.1
자녀 있음	7.2	56.8	25.2	8.1		2.7
자녀 없음	9.4	43.8	21.9	9.4	15.6	

(%)

자료: 미쓰비시종합연구소 「생활자시장예측시스템」(2016).

가 있는 사람보다 불만족도가 꽤 높게 나타나고 있다.

딸이 40세가 넘은 미혼인데 '결혼하지 말고 부모를 부양하라'고 말하는 부모가 많은 것 같다. 여러 가지 이유가 있겠지만 병이 났을 때나 배우자와의 사별 후 홀로 남겨질 때의 일을 염려하기 때문이다.

단카이 세대에 사별싱글이 증가하고 그중 남성의 사별싱글이 증가하면 자녀, 특히 딸에 대한 가사 의존도가 클 것이다.

그러나 부모가 심각한 돌봄을 필요로 하는 상태가 아닌 이상 보살피는 데는 한계가 있다. 그렇게 되면 싱글 시니어, 특히 남성의 가사 수요는 더욱 증가할 것이다.

✎ 실태 리포트

— 남성 70세(자영업)

나는 자유분방한 단카이 세대라서 젊었을 때부터 결혼도 하지 않고 취직도 하지 않기로 마음먹었었지. 그런데 어쩌다 실수로 결혼을 했는데 어느 날 아내가 이혼 서류를 내미는 거야. 그래서 이혼했어.

지금은 하는 일이 그럭저럭 잘 되고 있어서 저녁에는 매일 이곳저곳 돌아다니며 술을 마시지. 60세 때보다 주량이 느는 것 같아. 옆 동네에 젊고 예쁜 여자가 운영하는 작은 술집이 있는데 매주 거기 가는 게 즐거움이야. 옆 동네에 가면 잠시 일을 잊을 수가 있거든. 건강? 그런 건 생각하지 않아. 아침에 늦게 일어나기 때문에 아침밥도 먹지 않고 낮에도 외식이지.

그래도 건강하다고 생각했는데 얼마 전에 넘어져서 어깨뼈를 다치고 말았지. 그럴 때면 나이를 느껴. 그래도 책 읽을 때 외에는 안경을 쓰지 않아. 보통은 근시용 콘택트렌즈를 착용하지. 옷은 파타고니아 브랜드를 즐겨 입고 또 꼼데가르송(COMME des GARÇONS)의 폴로 셔츠를 좋아해. 상의는 검정색만 입고 하의는 언제나 청바지. 취미는 연극과 건축. 1970년대의 연극과 건축이라면 꽤 잘 알고 있어. 그 두 분야의 지식을 엮어 책으로 낼까 생각 중이야.

시니어 싱글여성(60세 이상)

— 싱글 할머니는 육식녀!
— 채소도 과일도 많이 먹고, 스포츠 활동도 왕성하게
— 이동을 좋아하고 스마트폰을 가지고 드라이브

시니어 싱글여성의 소비 키워드
1. 육식 선호
2. 자동차 소유
3. 스포츠 관전
4. 이동
5. 콘택트렌즈

할머니는 고기를 좋아해

시니어 여성의 소비지출 총액은 178.6만 엔에서 181.3만 엔으로 약간 증가했다.

식비도 45.7만 엔에서 48.6만 엔으로 증가하고 있다. 쌀은 0.69배 감소했지만 빵은 1.3배 증가했고, 금액 면에서도 빵이 쌀을 넘어서고 있다.

면류에서는 스파게티가 1.59배, 컵라면이 1.47배 증가했고, 기타 곡류도 1.46배 증가했다.

생선류는 꽁치, 굴, 연어 외에는 감소현상을 보이고, 어묵 관련 제품이 1.18배 증가했다. 이는 시니어 남성과 동일한 경향이다.

육류는 2만 3959엔으로 시니어 남성의 1만 5639엔보다 훨씬 많다. 특히 소고기는 9490엔이며 시니어 남성의 6272엔 대비 50%나 높고 젊은

도표 4-3／싱글의 고기, 유제품, 조리식품의 평균 연간지출(2012~2016)

	시니어 여성	시니어 남성	중년여성	중년남성	젊은 여성	젊은 남성
소고기	9490엔	6272엔	5761엔	3826엔	2077엔	1474엔
돼지고기	8491	5857	7619	4245	4747	3194
닭고기	4679	2516	4490	2089	2618	1876
다짐육	460	131	413	112	384	114
기타 육류	839	863	769	660	363	378
햄	3288	2937	1950	1191	941	509
소시지	2180	1996	2635	2587	1794	1505
베이컨	938	742	869	698	768	388
요구르트	7385	5174	6299	4582	3867	2516
치즈	2051	1427	2831	1758	2099	1081
조리식품	5만 8175	8만 2757	6만 4798	10만 2535	6만 3335	8만 5142

자료: 총무성 「가계조사」를 토대로 저자 작성.

남성(1474엔)의 7배이다. 할머니는 생선보다 고기를 좋아한다. '장수하는 사람은 고기를 먹는다'는 출처 불명의 정보가 입소문을 타고 확산되고 있는데 그 때문일지도 모르겠다(도표 4-3).

그러면 2장의 퀴즈에서 시니어 싱글여성에 해당하는 것은 A 연령대이다.

채소도 많이

소시지, 베이컨도 1.5배 가깝게 증가했다. 요구르트는 1.61배. 이것도 금액은 시니어 남성보다 50% 많다. 치즈는 1.78배이다.

채소도 제대로 잘 챙겨 먹고 있다. 채소류는 4만 2479엔으로 시니어 남성의 2만 6843엔보다 60% 많다. 증가율이 높은 품목은 역시 양배추, 브로콜리, 콩나물, 연근 등이다.

과일은 대체로 변동이 없지만 오렌지, 바나나가 증가했다. 키위는

1.88배. 과일 가공품은 1.42배이다.

이런 식생활이라면 장수하는 것이 당연한지도 모르겠다. 시니어 남성이 조리식품에 의존하는 데 반해 요리를 할 줄 아는 시니어 여성은 신선한 고기와 채소를 먹고 장수한다.

각종 조미료 사용

조미료 관련에서 케첩, 마요네즈, 드레싱, 카레, 건조스프가 증가하고 있는 것은 시니어 남성과 공통된 경향이다. 또한 풍미 조미료, 후리가케, 소스류도 증가하고 있다. 이러한 조미료의 증가는 남녀 어느 연령층에서나 거의 동일하게 나타나고 있다. 조금이라도 맛있게 먹기 위해 신경 쓰는 경향이 강하며 일식, 양식, 중식에, 에스닉까지 음식이 다국적화된 것도 조미료 증가에 일조했을 것이다.

과자를 좋아해

과자류는 시니어 남성과 동일하게 젤리, 푸딩, 기타 양과자, 아이스크림이 1.2배 이상 증가하고 있다. 스낵과자는 1.57배, 초콜릿은 1.76배 증가했다. 센베이는 1.11배이지만 금액은 4273엔으로 시니어 남성의 2388엔보다 많다.

과자류의 소비총액은 4만 8654엔으로 젊은 여성이나 중년여성에 뒤지지 않는 금액이다(젊은 여성 5만 844엔, 중년여성 5만 415엔).

시니어 남성보다 조리식품 소비가 적다

조리식품은 1.23배이지만 조리빵은 1.63배, 기타 식사용 조리식품도

1.51배 증가했다. 도시락은 6190엔으로 시니어 남성의 1만 5087엔보다 많이 적지만 초밥 도시락은 7711엔으로 시니어 남성의 8654엔만큼 많다. 초밥이 먹기도 편하고 보기에도 좋기 때문일 것이다.

샐러드, 고로케, 튀김, 딤섬, 꼬치요리도 1.2~1.4배 증가하고 햄버거는 1.67배이다. 냉동 조리식품은 2.46배 증가했다.

다만 조리식품의 소비총액은 5만 8175엔으로 시니어 남성의 8만 2757엔보다는 훨씬 적다.

커피를 좋아하는 신세대 할머니

음료에서는 커피가 1.43배, 커피음료가 1.56배 증가했다. 이런 부분은 시니어 남성과 마찬가지로 미국 문화를 일찍 경험한 단카이 세대 할머니다운 경향이다.

탄산음료도 1.61배 증가하고, 유음료 1.94배, 미네랄워터는 1.59배나 증가했다.

술은 대부분의 품목에서 감소하고 있지만, 와인 1.32배, 발포주 2.3배, 기타 술도 다소 증가했다.

외식은 안 하지만 고깃집은 좋아

외식비는 8만 엔으로 젊은 남성의 4분의 1, 시니어 남성의 절반 정도 수준이나 그래도 1.07배로 약간 증가했다. 그중 양식이 1.23배, 햄버거 1.94배, 기타 외식이 1.32배이다.

역시 햄버거의 증가가 눈에 띈다. 다만 금액은 455엔으로 적다. 그러나 시니어 남성의 376엔보다는 많다.

고깃집은 이전에 없던 항목이어서 증감률은 알 수 없지만 금액은 2351엔으로 시니어 남성의 2633엔과 별 차이가 없다. 역시 고기를 좋아하는 육식 할머니다.

차음료비, 음주비는 감소하고 있지만 다른 연령층과 비교하면 감소 폭이 적은 편이다. 여유 시간이 많으므로 여자끼리 수다를 떠는 기회가 크게 줄지 않기 때문이라고 생각된다. 교제비가 1.45배 증가한 것도 인구가 많은 단카이 세대 여성이 상호 교류하는 기회가 많기 때문으로 보인다.

가전·가구 구입

가사용품 관련에서는 전자레인지가 1.44배, 청소기 2.18배, 에어컨 1.98배, 냉장고가 1.28배 증가했다. 신제품의 고기능화에 맞춰 가전제품을 교체하고 있는 것으로 보인다.

또한 응접세트 4.02배, 식기 건조대 3.51배, 조명기구가 2.11배 증가했다. 결코 적지 않은 증가율이다. 비교적 고가면서 일상적이지 않은 품목을 구입한다는 것은 아직 생활 의욕이 상실되지 않았다는 증거다. 그런 모습을 보여줘서 좋다.

옷은 캐주얼하게

의류는 전체적으로 0.78배 감소했다. 스커트가 0.32배, 스타킹은 0.54배로 감소가 크지만 슬랙스는 0.96배 정도만 감소했다. 블라우스도 0.8배 감소인데 기타 여성용 셔츠는 1.22배로 시니어 여성도 젊은 여성과 마찬가지로 스커트에서 멀어지고 바지 지향, 정장에서 멀어지고 캐주얼 지향이 보인다.

한편 남성용 코트가 15.17배 증가했는데, 젊은 남성에서도 코트 구입이 증가한 것으로 보아 아들을 위해 구입한 것 같다.

의사보다 약국

보건의료비는 1.1배로 미미하게 늘었지만 의약품은 1.25배, 병원 진료비가 0.84배인 것으로 보아 병원에 가지 않고 약으로 치료하려는 경향이 강해지고 있다. 특히 기타 의약품은 1만 3438엔, 1.88배 증가로 금액도 증가율도 크다.

기타 의약품이 증가하고 병원 진료비가 감소하는 이런 경향은 남녀 어느 연령대에서나 공통되는 현상이다. 특히 중년여성의 경우 보건의료비 1.12배, 의약품 1.28배, 병원 진료비 0.9배, 기타 의약품 2.27배로 시니어 여성과 거의 동일하다.

참고로 기타 의약품은 신경 안정제, 수면제, 신경통약, 진통제, 구충약, 변비약, 설사약, 각종 호르몬제, 부인병약, 피부병·비염용 물약, 기침약 등이다.

건강기능식품 증가

건강기능식품은 2만 624엔으로 전체 연령대 중에서 금액이 가장 높고 증가율은 1.31배이다. 평균 90세 가깝게 사는 시니어 여성의 건강에 대한 의욕은 실로 높다.

건강기능식품 광고에 출연한 유명 남자배우가 75세에 돌아가셨다는 아이러니한 결말도 있지만, 근본적으로 남성은 술을 마시거나 담배를

피우거나 채소 섭취가 부족하기 때문에 그것을 건강기능식품으로 보완하는 데는 한계가 있다. 여성의 경우 고기를 즐겨 먹지만 동시에 채소도 많이 먹고, 여기에 건강기능식품까지 섭취하면 건강 관리에 만전을 기하고 있다고 할 수 있겠다.

자동차 구입

자동차 구입비가 1.25배 증가했다. 역시 면허 보유율이 높고 운전 경험도 풍부한 단카이 세대 여성이 시니어가 되었기 때문이다. 참고로 시니어 남성에서는 1.46배 증가를 보였다.

자동차 외에 운송기기 구입(주로 오토바이)도 2.82배(시니어 남성 2.85배)나 증가했다.

자전거 구입(주로 전동 어시스트 자전거)은 1.45배(시니어 남성 1.78배), 주유비 1.7배(시니어 남성 1.25배), 자동차 부품비 2.32배(시니어 남성 1.39배), 자동차 정비비 2.5배(시니어 남성 1.09배), 기타 자동차 관련 서비스(배터리 충전료 등) 1.53배(시니어 남성 1.05배), 자동차 보험료 3.09배(시니어 남성 1.24배), 자동차 교습료 6.66배(시니어 남성 0.2배) 등 자동차 관련에서는 대체로 남성보다 증가율이 높다.

사실 단카이 세대 시니어 여성들이 자동차 업계의 주 고객층이 된 것은 최근의 일이 아니다. 그들은 젊은 시절부터 자신의 차를 가지고 있었고 드라이브를 즐기는 이들이 많았다. 그러고 보니 어느 유명 여성학자도 젊은 시절부터 BMW의 스포츠카를 탔다고 한다.

고령자가 생각하는 장래 불안 중 가장 큰 요소는 건강이고, 2위가 이동의 자유를 빼앗기게 되는 것이라고 한다. 그래서인지 장래에 다리가 불편해져도 이동이 쉽도록 자동차, 전동 자전거 등을 능숙하게 사용하고 싶어 하는 욕구가 있는 것인지도 모르겠다.

휴대전화, 휴대용 재생기기 증가

휴대전화 통신비가 2.74배(시니어 남성 2.04배), 휴대전화기 2.84배(시니어 남성 2.01배)로 남성보다 높은 증가율을 보이고 있다.

휴대용 음악·영상 기기도 1.3배 증가했다(시니어 남성은 0엔에서 142엔 증가).

자동차 등으로 이동이 증가하면 휴대전화나 음악·영상 등의 휴대용 플레이어가 필요해지기 마련이다.

밖에서 노는 시니어 여성

스포츠 시설 사용료 1.6배, 스포츠 관람료 3.7배, 스포츠 강습료 1.45배, 골프용품 1.68배, 스포츠 용품 1.24배, 운동화 1.88배, 기타 운동기구 1.8배로 스포츠 관련 증가율이 크다.

또한 유원지 입장료 1.46배, 숙박료 1.04배, 해외 패키지 여행도 1.13배 증가했다. 동물병원비 1.78배, 사료비 1.66배로 반려동물 관련한 금액이나 증가율도 중년여성만큼은 아니지만 크다고 볼 수 있다.

지금의 시니어 여성은 외향적이며 야외 활동을 많이 하고 적극적으로 몸을 움직이는 세대라고 할 수 있다. 젊은 남성, 중년남성이 내향적이 되고 있는 것과는 대조적이다.

안경에서 콘택트렌즈로

미용 관련에서는 미용 전기기구 1.89배, 칫솔 1.79배, 치약 1.92배로 증가 폭이 크다. 나이가 들어서인지 특별히 치아에 돈을 들이고 있음을 알 수 있다. 시니어 여성이 고기를 많이 먹는 것은 건강한 치아를 위해 케어에 각별히 신경을 쓰는 것과 무관하지 않을 것이다.

샴푸, 린스, 발모제, 헤어커트, 기타 미용 서비스, 기타 미용용품도 1.2배 이상 증가했다.

또한 안경은 1.29배 증가했는데 콘택트렌즈는 5.28배나 증가했다. 금액은 안경 쪽이 훨씬 높지만 콘택트렌즈의 증가율이 크다는 사실은 지금의 시니어 여성다운 현상이다. 특히 남성보다 증가율이 높은 이유는 안경 쓴 할머니는 되고 싶지 않다는 표현일 것이다.

콘택트렌즈는 젊음의 표시

참고로 젊은 여성은 안경 1965엔, 콘택트렌즈 8717엔, 중년여성은 안경 3713엔, 콘택트렌즈 2402엔이며, 증가율도 젊은 여성은 안경 0.73배, 콘택트렌즈 2.13배, 중년여성은 안경 1.14배, 콘택트렌즈 4.45배이다. 금액 면에서 보면 젊은 여성일수록 콘택트렌즈가 많다. 그러나 증가율로 보면 나이가 들수록 콘택트렌즈의 증가율이 높다. 중년 이상의 여성들에서 콘택트렌즈에 대한 수요가 많아지고 있다고 볼 수 있다. 콘택트렌즈를 착용하는 것으로 젊음을 표시할 수 있기 때문이다.

또 젊은 여성 중에는 검은 눈동자가 크게 보이는 컬러렌즈를 사용하는 사람이 매우 많은데 중년여성에서도 컬러렌즈를 하는 사람이 꽤 많아지고 있다. 10년 정도 지나면 시니어 여성에서도 검은 눈동자가 큰 할머니를 많이 볼 수 있을 것 같다.

✎ 실태 리포트

— 여성 76세(무직)

얼마 전에 암이 발견되어 의사 선생님으로부터 항암제를 먹어야 한다는 말을 들었어요. 아직 손자도 어리고 그 녀석이 자라는 것을 보고 싶어서 처음에는 약을 잘 챙겨 먹었는데, 역시 약을 먹으면 속이 좋지 않고 기운도 나지 않아 며칠 전부터는 약을 먹지 않고 있답니다. 좋아하는 온천 여행도 토크 콘서트나 연극, 가부키 공연도 갈 수 없으니까 말이죠.

그런데 의사 선생님에게 들켜버려 혼이 났고 앞으로 약을 제대로 챙겨 먹겠다고 약속했어요. 하지만 사는 즐거움이 없으면 살아 있는 것은 의미가 없다고 생각해요. 그래서 어떻게 하면 항암제를 먹으면서도 내가 즐기고 싶은 것들을 신나게 할 수 있을까 궁리하고 있답니다.

나는 20년 이상 마시는 물에 까다롭게 굴었어요. 여러 다양한 물을 마셔보았는데 지금은 '태고의 물'이라는 제품을 10년 이상 마시고 있답니다. 미네랄 균형이 좋고, 인간의 몸에 ph(수소이온 농도지수)가 7.4 정도라고 하는데 이 물은 딱 7.4의 농도로 몸에 좋은 작용을 하고 있지요.

식초도 좋은 것으로 구입합니다. 지금 사용하고 있는 것은 교토의 명물인 지도리(千鳥) 식초입니다. 이 식초는 한 번 사용해보면 일반 곡물 식초는 두 번 다시 사용하지 못할 만큼 부드럽고 맛있어요. 나는 뭐든지 요리에 식초를 뿌려 먹으므로 한꺼번에 다량으로 구입하고 있어요.

역시 몸에 좋은 것을 먹는 것이 가장 좋아요. 요즘에는 당분도 너무 많이 섭취해서 쌀 외에는 극력당분을 피하고 있어요. 암도 당분이 영양분이라네요. 그래서 암의 움직임을 억제하기 위해서라도 당분은 최대한 피하고 있습니다.

싱글세대(1인 가구)의 소비: 종합

가격+가치의 상품을 제안하라

이상 남녀 연령별로 싱글세대의 소비 경향을 알아보았는데, 정리하면 다음과 같은 특징이 있다.

우선 건강에 대한 관심이 젊은 층까지 확대되고 보험 가입도 저연령화되는 등 전체적으로 건강 지향, 위험회피 지향이 강하다. 이에 따라 소비가 수비적 또는 예방적이 되고 있다.

가구, 침구가 팔리는 것도 이탈리아제 소파를 구입하여 자랑하려는 것이 아니라 건강과 피로 회복을 목적으로 숙면 베개나 요통예방 침구, 안마의자를 구입하는 사람이 많아졌기 때문이다.

비저축형 보험의 증가도 장래에 대비한 예방적 소비라고 할 수 있다.

그리고 남성이 여성화(내향적) 여성이 남성화(외향적)되고, 시니어가 젊어지고 젊은이가 중년화 또는 시니어화되고 있다. 결과적으로 소비 성향에 남녀노소의 차이가 줄어들고 있는 이런 경향은 내가 『일본인은 앞으로 무엇을 구입하는가?』를 출간했던 2013년보다 한층 더 강해졌다고 할 수 있다.

시니어 남성 외에는 의류, 속옷, 화장품의 소비가 확실히 줄고 있는 반면 치과 진료비가 증가하고 치약, 칫솔, 콘택트렌즈의 지출이 증가하는 등 외모를 꾸미는 방식도 변하고 있다. 돈을 들이는 것에 비해 효과가 없는 의류나 타인에게는 보이지 않는 속옷에 돈을 쓰기보다 깨끗한 치아, 큰 눈동자 등 즉시 효과가 나타나는 것에 소비를 하고 있다고 할 수 있다.

전반적으로는 모든 연령층에서 소비가 제자리걸음 또는 다소 감소세이지만 세부적으로 품목을 들여다보면 감소하고 있는 품목만 있는 것은 아니고 증가하고 있는 품목도 매우 많다. 예를 들어 남녀 전 연령층을 합쳐 품목수별 증가율을 보면 0.8배 미만이 204품목, 0.8배 이상 1.2배 미만이 263품목, 1.2배 이상은 136품목이다. 확실히 지출이 줄어든 품목이 많지만, 거기에는 품목수가 많은 신선식품이 다수 포함되어 있다.

종합해서 보면 소비자의 의식과 행동의 변화에 맞춘 상품은 팔리고 그렇지 않은 상품은 팔리지 않는 당연한 사실이 존재한다. 장기간 불황의 여파를 겪고 있는 현시대에 저가격의 상품이 팔리는 것은 당연하지만 단순히 저렴하고 돈을 절약할 수 있는 것뿐만 아니라 시니어나 중년이 젊음을 느낄 수 있고, 젊은 세대가 힐링을 느낄 수 있고, 일하는 여성이 기능성을 느낄 수 있고, 그리고 장래의 불안이 경감되는 등의 편익을 제안하는 것이 지금의 싱글세대의 소비에 필요한 가치라고 할 수 있다.

1. 예방적 소비가 진행되고 있다
• 건강 지향의 확대와 저연령화
• 숙면 침구도 건강상품
• 보험의 증가

2. 남녀·연령 차이가 줄고 있다
• 남성의 내향화, 젊은 세대의 내향화
  ― 소파, 가구, 침구를 구입하고 요리를 하다
• 여성의 외향화, 시니어의 외향화

－ 자동차, 스포츠 관전

3. 외모에서는 즉효성을 중시한다
• 의류, 화장품의 단가 저하
• 화장품보다 눈을 커 보이게 하는 컬러렌즈
• 속옷보다 하얀 치아, 치과 교정

★ 5 장

40대 전후 세대의 경제격차:
싱글, 패러싱글, 패러사이트, 기혼의 수입과 저축

40세 전후 세대의 고용형태

1장에서 본 것처럼 제2차 베이비붐 세대인 단카이 주니어 세대가 현재 중년으로 접어들었다. 단카이 주니어, 즉 35~44세 남녀의 고용형태별 인구를 「국세조사」의 자료를 통해 보면 다음과 같다(도표 5-1).

도표 5-1／35~44세 남녀 패러사이트, 1인 가구, 기혼자의 고용형태별 인구

		인구	정규직 사원	파견사원	아르바이트	완전 실업자	가사
남성 미혼	전체	2,789,790명	1,422,655명	104,129명	258,349명	261,767명	38,888명
	패러사이트	1,587,641	783,804	63,462	172,838	195,271	29,855
	1인 가구	922,507	493,443	31,543	61,345	46,528	4,990
남성 기혼	전체	5,596,505	4,174,013	43,460	95,368	57,519	13,125
	세대주	4,975,558	3,753,069	34,932	74,448	43,921	8,754
	1인 가구	117,141	87,303	1,717	2,758	1,215	183
남성 사별·이혼	전체	8,904,273	2,486,050	277,998	2,482,835	212,119	1,966,518
	패러사이트	118,560	71,697	3,488	8,504	10,596	830
	1인 가구	145,816	85,803	3,254	6,554	6,573	589
여성 미혼	전체	1,851,648	839,067	120,621	331,265	105,965	117,340
	패러사이트	1,093,658	477,805	77,611	219,821	72,865	91,495
	1인 가구	537,335	281,683	31,394	65,606	22,309	9,607
여성 기혼	전체	6,199,917	1,372,860	125,988	1,930,271	69,540	1,808,585
	배우자	5,453,136	1,148,557	110,831	1,723,387	57,669	1,670,472
	1인 가구	31,656	14,129	1,660	6,602	779	2,812
여성 사별·이혼	전체	677,209	272,722	31,149	220,002	34,427	39,183
	패러사이트	176,184	75,469	9,227	53,462	9,488	11,964
	1인 가구	76,898	31,219	4,536	14,341	4,408	3,460

자료: 총무성 「국세조사」(2015)를 토대로 저자 작성.

[35~44세 남성]

• 혼자 사는 미혼남성 92만 명 중

　― 정규 고용 49만 명, 아르바이트 6만 명, 파견사원 3만 명, 실업자 5만 명(실업률 6%)

• 미혼 패러사이트 남성 159만 명 중

　ー 정규 고용 78만 명, 아르바이트 17만 명, 파견사원 6만 명, 실업자 20만 명(실업률 14%)

• 기혼 세대주 남성 498만 명 중

　ー 정규 고용 375만 명, 아르바이트 7만 명, 파견사원 3만 명, 실업자 4만 명(실업률 1%)

　숫자에서 명확히 알 수 있듯이 미혼 또는 부모와 함께 사는 남성에는 비정규직이거나 실업자가 많다. 그래서 미혼일 수밖에 없는 빈익빈의 순환에 빠지게 되는 것이다.

[35~44세 여성]

• 혼자 사는 미혼여성 54만 명 중

　ー 정규 고용 28만 명, 아르바이트 7만 명, 파견사원 3만 명, 실업자 2만 명, 가사 1만 명

• 미혼 패러사이트 여성 109만 명 중

　ー 정규 고용 48만 명, 아르바이트 22만 명, 파견사원 8만 명, 실업자 7만 명, 가사 9만 명

• 기혼여성 620만 명 중

　ー 정규 고용 137만 명, 아르바이트 193만 명, 파견사원 13만 명, 실업자 7만 명, 가사 181만 명

미혼 패러사이트 여성의 경우 혼자 사는 여성 대비 아르바이트, 파견

사원이 많고, 실업률도 10% 가까이 된다. 무엇보다 가사일을 하며 생활하는 사람이 많은 것이 특징적이다.

미혼 패러사이트는 실업률이 높다

미혼 패러사이트에 대해 좀 더 보도록 하자.

1장에서 소개한 총무성 통계연구소의 니시 후미히코 연구관에 의하면 35~44세의 미혼 패러사이트의 실업률은 2005년에 9.6%이며, 이는 35~44세 전체 실업률 3.8% 대비 매우 높다(도표 5-2).

2010년에는 11.5%(35~44세 전체 실업률 4.8%)로 최고치에 달했지만 2014년에는 9.1%(동 3.5%)로 떨어졌다. 그러나 여전히 10% 가까운 사람이 실업자로 있다(니시 후미히코 연구관의 분석은 「노동력조사」를 토대로 하고

도표 5-2 / 전국 35~44세 남녀의 완전 실업률 추이

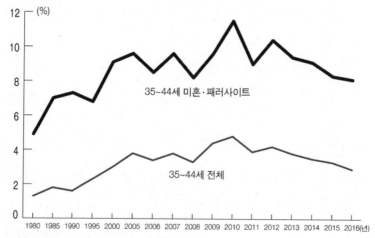

주: 각 연도 9월의 수치.
자료: 총무성 통계연구소 니시 후미히코 연구관의 추계.

있기 때문에 「국세조사」를 기반으로 한 나의 계산과는 결과치가 약간 다르다).

또한 미혼 패러사이트 중 '기초적 생활 조건을 부모에게 의존하고 있을 가능성이 있는 사람', 즉 완전 실업자, 무취업·무취학자 및 임시직·일용직 등 특히 부모에 대한 의존도가 높은 사람의 합계는 1980년에 5만 명이었는데 1990년에는 19만 명, 2000년에는 28만 명으로 증가했고 2010년에는 75만 명으로 급증했다.

2014년에는 임시직·일용직 종사자가 감소함에 따라 62만 명이 되었지만, 어찌 되었든 '기초적 생활 조건을 부모에게 의존하고 있을 가능성이 있는 사람'은 부모가 사망하자마자 심각한 생활고에 빠지게 될 가능성이 높다고 니시 후미히코 연구관은 경고한다.

남성은 기혼자일수록 수입이 높다

다음으로는 미쓰비시종합연구소의 데이터를 토대로 남녀 1인 가구, 남녀 패러사이트 및 남성 기혼 세대주의 경제상태를 연령별로 보도록 하자.

참고로 미쓰비시종합연구소의 데이터는 1인 가구 및 패러사이트의 경우 이혼, 사별 등 모든 싱글을 대상으로 하고, 그중 패러사이트에는 본인의 자녀를 데리고 부모와 함께 사는 사람도 포함되어 있다.

우선 연수입을 비교하면 혼자 사는 남성의 경우 40대, 50대에서 600만 엔 이상이 20% 이상, 400만 엔 이상과 합하면 40% 전후이다(도표 5-3).

이에 반해 패러사이트 남성은 50대에서도 600만 엔 이상이 15%뿐이며 각 연령대에서 25% 전후가 100만 엔 미만으로 저소득층이 많이 존재하고 있다.

도표 5-3／1인 가구(기혼 제외), 패러사이트(기혼 제외), 남성 기혼 세대주의 수입 비교

			100만 엔 미만	100만~ 300만 엔 미만	300만~ 400만 엔 미만	400만~ 600만 엔 미만	600만 엔 이상
1인 가구 (기혼 제외)	남성	30대	8.5%	23.4%	19.5%	33.0%	10.6%
		40대	8.6	27.5	12.2	23.3	21.6
		50대	13.5	26.8	12.2	16.4	22.1
	여성	30대	8.5	40.2	21.9	18.1	4.8
		40대	9.8	41.5	15.2	14.8	9.1
		50대	14.7	37.3	11.3	12.5	13.2
패러 사이트 (기혼 제외)	남성	30대	24.0	28.6	14.6	9.4	3.4
		40대	23.2	27.5	12.8	14.7	7.8
		50대	29.7	19.4	12.1	12.1	14.5
	여성	30대	26.7	37.2	10.3	5.3	1.3
		40대	25.2	40.2	8.9	6.1	2.5
		50대	27.8	34.7	5.6	6.9	6.3
남성 기혼 세대주	개인	30대	1.0	6.6	15.9	45.3	28.2
		40대	1.6	7.5	10.9	30.8	44.8
		50대	4.1	10.9	8.2	19.7	51.9
	부부 합계	30대	1.2	0.9	9.7	31.6	54.2
		40대	0.7	1.0	8.6	23.7	62.4
		50대	2.3	2.7	9.8	15.6	66.2

주: 학생과 재수생을 포함한 합계이지만 30대 이상에서는 학생과 재수생이 거의 존재하지 않기 때문에 숫자에 영향은 없다(이하 동일).
자료: 미쓰비시종합연구소「생활자시장예측시스템」(2016).

남성 기혼 세대주의 연수입은 40대, 50대에서 600만 엔 이상이 절반 정도이며 400만 엔 이상과 합하면 70% 이상이다. 내가『하류사회』(2005)에서도 썼지만 연수입 400만 엔 이상은 남성의 결혼 조건 중 하나인 게 분명한 듯하다.

또한 남성 기혼 세대주의 부부 합계 연수입을 보면 40대 이상에서 600만 엔 이상이 60%를 넘고 400만 엔 이상을 합하면 86%나 된다. 역시 맞벌이 부부의 경우 수입은 상당히 높아진다.

패러사이트라도 1000만 엔 이상 저축

다음으로 저축액을 비교하면 1인 가구는 남녀 모두 50만 엔 미만이 각 연령대별로 30%대이며(50대 여성만 28%), 200만 엔 미만을 합하면 거의 50% 전후를 차지한다(도표 5-4).

패러사이트도 50만 엔 미만이 남녀 모두 30%대이며 50대 여성만이 25%이다. 100만 엔 미만을 합하면 남녀 모두 각 연령대에서 50% 전후이다.

도표 5-4／1인 가구(기혼 제외), 패러사이트(기혼 제외), 남성 기혼 세대주의 저축액 비교

			50만 엔 미만	50만~ 100만 엔 미만	100만~ 200만 엔 미만	200만~ 300만 엔 미만	300만~ 500만 엔 미만	500만~ 1000만 엔 미만	1000만 엔 이상
1인 가구 (기혼 제외)	남성	30대	37.5%	9.3%	8.2%	6.5%	10.3%	8.6%	12.4%
		40대	35.1	8.0	8.4	4.2	7.5	11.2	15.2
		50대	33.9	7.4	6.3	5.5	8.7	8.9	19.6
	여성	30대	31.9	10.1	10.6	7.5	10.8	8.8	7.8
		40대	35.0	7.0	7.2	7.0	8.9	9.3	10.9
		50대	27.9	6.6	8.2	7.5	7.2	9.7	17.9
패러 사이트 (기혼 제외)	남성	30대	44.3	8.8	8.0	5.7	6.8	5.7	7.4
		40대	39.8	8.8	8.1	4.5	6.9	8.3 .	11.1
		50대	36.4	10.9	3.6	2.4	9.1	4.2	23.6
	여성	30대	35.4	10.3	10.0	7.8	8.7	6.4	6.4
		40대	36.6	8.7	8.4	4.3	7.1	9.2	6.6
		50대	25.0	3.5	10.4	6.9	6.3	10.4	20.1
남성 기혼 세대주	개인	30대	34.4	9.5	12.6	6.9	9.9	7.6	10.3
		40대	35.6	7.5	9.3	7.5	8.6	8.5	12.3
		50대	29.2	8.5	7.4	7.1	8.0	9.2	18.2
	부부 합계	30대	19.3	11.7	14.4	6.7	11.4	12.1	15.6
		40대	21.5	10.5	12.3	6.5	9.7	12.0	17.3
		50대	18.9	9.3	8.7	5.8	8.9	12.4	23.9

주: 학생과 재수생을 포함한 합계이지만 30대 이상에서는 학생과 재수생이 거의 존재하지 않기 때문에 숫자에 영향은 없다(이하 동일).
자료: 미쓰비시종합연구소 「생활자시장예측시스템」(2016).

이렇게만 보면 패러사이트에서 하류중년, 나아가 하류노인이 증가할 것으로 예측된다.

다만 남성 기혼 세대주에서도 20% 전후는 50만 엔 미만이며 200만 엔 미만을 합하면 50% 전후가 된다.

그런데 패러사이트 남성 50대에서는 저축액이 1000만 엔 이상인 사람이 24%나 있다. 혼자 사는 남성 50대에서는 20%, 혼자 사는 여성 50대에서는 18%이다. 기혼남성 50대에서도 18%이다.

즉, 높은 수입이 결혼의 제1조건이라고 해도 결혼을 하고 자녀를 키우고 하면 돈이 들기 때문에 저축액은 크게 증가하지 않는다. 이를테면 남성 기혼 세대주의 경우 부부 합계 저축액이 1000만 엔 이상인 사람은 24%밖에 되지 않는다. 이것도 부부 각 한 사람당 계산하면 많다고 할 수 있는 금액이 아니다.

이렇게 보면 다음과 같이 정리할 수 있겠다.

첫째, 결혼을 하지 않고 패러사이트로 있는 사람은 주거비, 자녀 양육비·교육비 등이 들지 않으므로 그것을 저축으로 돌리는 사람과 줄곧 소득이 낮거나 없어서 저축을 거의 할 수 없는 사람으로 나누어진다.

둘째, 저축이 가능한 사람은 남녀 모두 남성 기혼 세대주 정도 혹은 그 이상 저축을 하며, 그들은 하류중년에 빠질 위험성이 적다.

셋째, 수입이 높은 남성이 결혼하기 쉬우나 자녀의 양육 및 교육 비용, 주거비 부담을 생각하면 반드시 풍요로운 생활이 가능하다고는 할 수 없다.

결혼을 한다고 해서 반드시 풍요로운 생활을 할 수 있는 것은 아니며 그렇기 때문에 결혼하는 사람이 줄어드는 것은 당연한 일이다.

한편 저축액이 높은 50대 패러사이트에는 원래 혼자 살았는데 부모의 간병 등의 이유로 함께 살게 된 경우도 포함되어 있다고 보아야겠다.

부모로부터 지원을 받는 사람이 많다

미쓰비시종합연구소의 데이터를 통해 부모로부터 경제적 지원을 받고 있는 1인 가구, 패러사이트, 기혼자 수를 살펴보면 패러사이트는 연령에 관계없이 지원을 받고 있는 사람이 많다는 것을 알 수 있다. 학생과 재수생을 제외해도 숫자는 변함이 없다.

혼자 사는 20대의 경우 학생과 재수생을 제외하면 지원을 받고 있는 사람의 수치가 꽤 줄어든다. 그래서 모든 연령대에서 학생과 재수생을 제외하고 보았다(도표 5-5).

패러사이트 20대의 경우 학생과 재수생이 14% 정도 되는데 이를 제외해도 수치가 크게 바뀌지 않는다. 이는 곧 학생과 재수생이 아닌 사람도 학생과 재수생만큼 부모의 경제력에 의존하고 있다는 것을 말한다.

또 흥미로운 사실은 기혼자도 싱글과 마찬가지로 부모에게 경제적으로 의존하고 있다는 것이다. 특히 연수입 200만 엔 미만의 기혼남성은 절반 이상이 부모의 지원을 받고 있고 약 40%가 장인 장모로부터 지원을 받고 있다.

그런데 50대인데도 남성 패러사이트 35%, 여성은 59%가 부모로부터 지원을 받고 있는 것은 어떻게 된 일일까?

남성의 경우에는 자영업자가 많다. 아마도 부모로부터 사업체를 물려받았는데 실적이 좋지 않은 경우일 수도 있다. 수입별로 보면 연수입 100만 엔 미만의 50대 남성 패러사이트는 49%, 여성은 75%가 지원을

도표 5-5／부모로부터 경제적 지원을 받는 사람의 비율

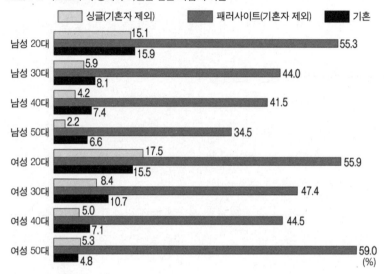

주: 싱글은 학생과 재수생 제외.
자료: 미쓰비시종합연구소 「생활자시장예측시스템」(2016).

받고 있다.

　여성의 경우는 직업적 특징이 없지만 군이 말하자면 비정규직이 많은 것이 원인일 것이다. 물론 남녀 모두 무직자도 많다.

　이상에서 보듯 단카이 주니어 세대의 최대 과제 중 하나가 바로 부모에 대한 경제적 의존도가 높은 패러사이트라는 것은 틀림없다. 그런데 혼자 살아도 부모에게 경제적 의존도가 높은 사람이 있는 것으로 보아 본질적인 문제는 역시 적은 수입에 있다고 할 수 있다.

★ 6 장

40세 전후 여성의 수입과 결혼

고수입·연상의 부인

오래전 유명 스모 선수가 8세 연상의 여자 아나운서와 결혼하고, 동일한 해에 뉴스 앵커가 9세 연하의 남성과 재혼을 발표했을 때는 그 나이 차 때문에 엄청난 화제가 되었다. 그러나 지금은 그 정도의 나이 차로는 놀랍지도 않다.

55세의 유명 여가수는 25세 연하의 남성과 재혼했고(딸보다 연하), 프랑스의 에마뉘엘 마크롱 대통령도 부인이 25세 연상이고, 어느 여성 소설가는 63세에 69세 남성과 초혼을 했다(남성은 재혼). 이전이라면 생각하지도 못했던 나이를 초월한 일들이 계속 일어나고 있다.

40세를 넘어서 결혼하는 여성은 향후 더욱 증가할 것이고, 여성이 남성보다 수입이나 연령 면에서 훨씬 높은 결혼도 증가한다(도표 6-1). 특히

도표 6-1／초혼에서 부인이 연상인 비율의 추이

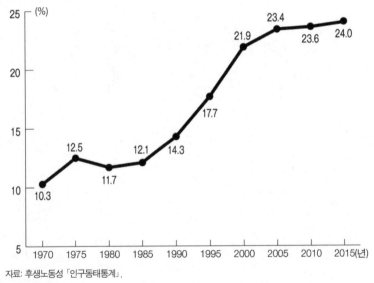

자료: 후생노동성 「인구동태통계」.

도표 6-2／전체 결혼건수(초혼+재혼)에서 부인이 연상인 경우의 연령별 비율(2015년에 결혼 생활을 시작한 사람)

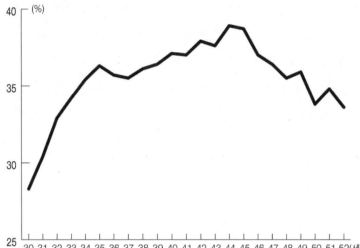

자료: 후생노동성 「인구동태통계」(2016).

인구가 많은 단카이 주니어 세대 여성이 35세 이후에 결혼할 경우 경제력 등의 조건을 만족시키는 연상의 남성이 부족하기 때문에 연하의 남성과 결혼하는 경우는 40% 가까이 된다(도표 6-2).

수입이 높은 여성은 평생 미혼?

2017년 6월, 어느 인터넷 뉴스 사이트에 '돈 버는 여성일수록 결혼이 힘들다'는 내용의 기사가 실렸다. 글쓴이는 모 광고회사에서 싱글세대에 대해 연구하는 사람이다.

기사의 내용은 대략 이렇다.

'여성의 경우 수입이 높으면 높을수록 미혼율이 높고, 특히 연수입 1250만 엔 이상의 여성 중 60% 가깝게 미혼이다.', '남성의 평생 미혼율은 정규직에서 16.6%, 비정규직에서 50.7%로 압도적으로 비정규직이 높은 데 반해 여성은 정규직 22.1%, 비정규직 8.3%로 반대현상이 나타난다.', '현재 정부가 추진 중인 여성이 활약하는 사회가 실현되면 아이러니하게도 평생 미혼으로 사는 여성이 더 늘어나게 될지도 모른다.'

이 사람은 정규직 여성이 비정규직 여성보다 결혼 가능성이 낮고 수입이 높은 여성일수록 결혼이 힘들다고 말하고 있다. 그러나 그것은 틀린 말이다.

수입이 높은 여성이어서 결혼할 수 없는 것이 아니라
결혼으로 수입이 내려가는 경우가 많다

나는 이 기사 작성자의 허술한 분석에 놀라움을 금할 수 없었다. 여성은 결혼하면, 특히 자녀가 생기면 종종 파견사원이나 계약사원 등의 비정규직으로 전환한다.

즉, 수입이 높은 여성이어서 결혼을 못하는 것이 아니라 결혼한 결과로서 수입이 내려가는 경우가 많은 것이다. 그래서 비정규직이거나 수입이 낮은 여성이 결혼하기 쉽고 높으면 결혼하지 못하는 것처럼 보인다. 그러나 그것은 결과이지 원인이 아니다. 그 기사 작성자는 이러한 원인과 결과를 제대로 보지 못하고 있다.

시간제(비정규직)로 일하는 기혼여성이 많은데, 그 여성들은 학교를 졸업하고 줄곧 시간제로 일했기 때문에 결혼이 가능했던 것이 아니다. 몇 년 동안 정규직으로 일을 하다가 결혼 후 가정사의 이유로 정규직을 그만두고 시간제 근무로 전환한 사람이 많았던 것이다. 비정규직이어서, 수입이 낮아서 결혼이 가능한 것이 아니라 결혼했기 때문에 비정규직이 되고 그로 인해 수입이 낮아진 것이다.

생애 미혼율이라는 용어는 쓰지 말자

생애 미혼율*에 대해서도 마찬가지이다. 지금까지는 결혼 후에 시간제로 일하는 여성이 대다수였으므로 비정규직 여성의 생애 미혼율이 낮은 것은 당연하다. 결혼을 해도 계속 정규직으로 일할 수 있는 사회가되면 정규직 여성의 생애 미혼율도 당연히 낮아질 것이다.

그보다 근본적으로 '생애 미혼율'이라는 용어 자체가 차별적이다. 지금 시대에 50세 미혼이라고 해서 평생 미혼자라고 규정하는 것은 이상하다. 이 용어는 출산율을 예측하기 위해 만든 개념이지만 결혼을 해도 자녀를 희망하지 않는 사람들이 많고, 실제로 자녀 없이 사는 부부는 향후 더욱 증가할 것이다. 이제 생애 미혼율은 시대에 맞지 않는 용어가되었다.

남성은 수입과 미혼율이 반비례, 여성은 비례?

이야기를 원점으로 돌려 정말 여성의 수입이 높으면 미혼율이 높아지는지 앞의 기사 작성자가 응용한 2012년의 「취업구조 기본조사」를 토대로 검증해보도록 하자.

정규직 남성의 수입별 미혼율을 연령별로 보면 수입이 높을수록 미혼율이 떨어진다(도표 6-3). 그에 비해 정규직 여성은 확실히 50세 이상에서는 수입이 높을수록 미혼율도 높아지는 현상이 보인다(도표 6-4). 또한

---

* 일본 정부가 인구통계에서 사용하는 용어. 50세가 된 시점에 한 번도 결혼하지 않은 사람의 비율.

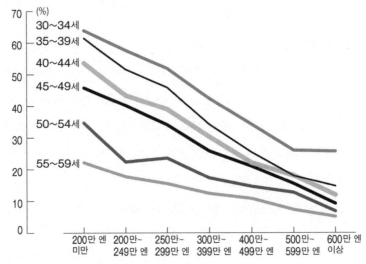

도표 6-3／정규직 남성의 연봉별 미혼율(연령별)

자료: 총무성 「취업구조 기본조사」(2012).

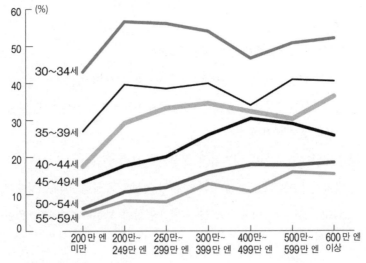

도표 6-4／정규직 여성의 연봉별 미혼율(연령별)

자료: 총무성 「취업구조 기본조사」(2012).

35~44세에서는 다소 불규칙적이기는 하지만 400만 엔대보다 600만 엔대에서 미혼율이 높아지는 듯이 보인다.

그러나 45~49세에서는 400만 엔대에서 미혼율이 가장 높고 500만 엔이상에서는 떨어지고 있다. 또한 2012년의 35~44세는 단카이 주니어 세대로 수입이 높아서가 아니라 인구가 많아 미혼율이 높을 가능성이 있다. 그러므로 이런 숫자만 보고 수입이 높은 여성일수록 미혼율이 높다고 단정 지을 수는 없다.

수입이 높은 여성은 0.1%뿐

기본적으로 여성이 연봉 600만 엔 이상인 경우는 많지 않다(도표 6-5~6). 도쿄 도심에 빌딩을 갖고 있는 일류기업에서라면 600만 엔 이상 받는 여성이 드물지 않겠지만, 전국 단위로 보면 그리 많지 않고 정규직 여성의 8%밖에 되지 않는다. 취업자 전체로 보면 3% 정도다. 여성 취업자 대부분은 비정규직이며 게다가 연봉 300만 엔 이상도 많지 않다. 정규직 여성에서도 연봉 1250만 엔 이상은 여성 취업자의 0.1%뿐이다.

이렇듯 수입이 많은 여성의 비율이 별로 높지 않기 때문에 이들을 기준으로 여성 전체의 미혼율을 말하는 것은 무리가 있다. 더욱이 '여성이 활약하는 사회가 실현되면 평생 미혼으로 사는 여성이 증가하게 된다'고 말할 수 있는 근거는 결단코 될 수 없다.

'수입이 높은 여성의 미혼율이 높다'는 편견일색인 글을 쓰는 남성이 대형 광고회사에 있고 대형 온라인 미디어가 그런 글을 검증 없이 싣는 것은 실로 개탄할 일이다.

도표 6-5／연봉별 정규직 수(남녀별)

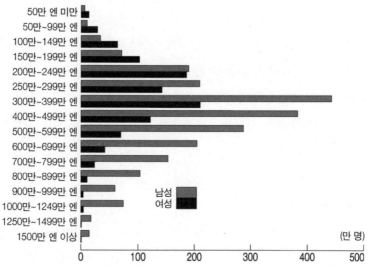

자료: 총무성 「취업구조 기본조사」(2012).

도표 6-6／연봉별 비정규직 수(남녀별)

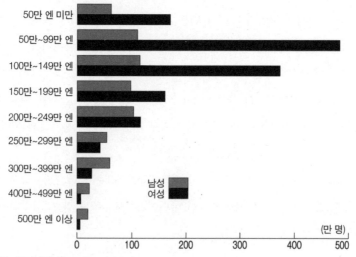

자료: 총무성 「취업구조 기본조사」(2012).

여성은 결혼 상대에게 요구가 많다

물론 여성은 결혼 상대에게 경제력을 원하고 있다(도표 6-7). 그것이 수입이 높은 여성의 결혼을 늦추는 원인일 수도 있다. 자신보다 수입이 높은 남성을 원하면 결혼 가능성은 줄기 때문이다.

게다가 80% 정도의 여성이 남성에게 좋은 성격과 동일한 가치관을 원하고 있으며, 약 절반은 자신의 부모에게 잘할 것, 그리고 40%는 장래성을 원하고 있다. 정말 요구가 많다.

또한 남성이 여성을 외모로 선택한다고 하지만 여성도 마찬가지로 남성의 외모로 선택하고 있다.

이러한 경향은 수입별로 보아도, 미혼의 정규직 여성에 한해서만 보아도 거의 동일하다.

도표 6-7 / 남녀가 결혼 상대에게 요구하는 조건(복수 응답)

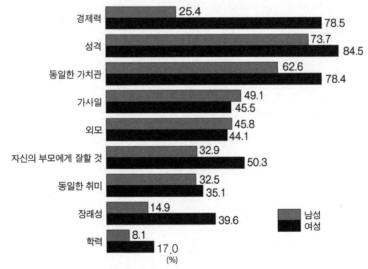

자료: 미쓰비시종합연구소 「생활자시장예측시스템」(2016).

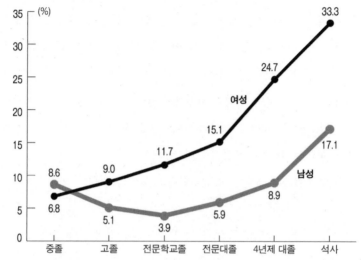

도표 6-8／결혼 상대의 조건에 학력이 들어가는 비율(학력별)

자료: 미쓰비시종합연구소「생활자시장예측시스템」(2016).

다만 학력별로 보면 차이가 난다. 여성은 학력이 높을수록 결혼 상대의 조건으로 학력을 중시하는 경향이 강하다(도표 6-8). 그것이 또한 결혼 상대를 한정시키는 하나의 원인이 될 수 있다.

고학력 여성과 미혼율

여성의 학력별 미혼율을 연령별로 보면 어느 연령대에서나 중졸은 미혼율이 높은 편이며, 50대에서는 중졸과 석사학위 여성의 미혼율이 동일하게 높다. 30대, 40대에서는 고졸에서 석사학위까지 미혼율이 대체로 동일하다. 50대에서는 고졸에서 4년제 대졸까지 미혼율이 조금씩 상승하지만 현저한 차이는 없다(도표 6-9).

이렇게 보면 학력이 높을수록 미혼율이 높아진다고 하는 것은 젊은

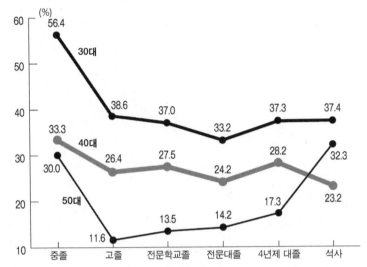

도표 6-9／여성의 학력별 미혼율

자료: 미쓰비시종합연구소 「생활자시장예측시스템」(2016).

여성일수록 해당하지 않는다고 할 수 있다.

여성은 연령이 높을수록 결혼 상대에게 가치관이 동일할 것을 요구

여성은 연령이 높을수록 결혼 상대에게 가치관이 동일하기를 원한다. 그리고 미혼여성일수록 그 비율이 높다(도표 6-10).

가치관이 동일하기를 원한다는 것은 자신의 가치관에 상대가 맞추는 것을 의미하며 나이가 들수록 자신의 가치관과 라이프스타일이 고정되므로 그것을 바꾸지 않고 함께 살 수 있는 남성을 원하는 것이다.

그래서 경제력이 있는 여성은 다급하게 결혼하지 않고 이상의 상대를 고르는 사이 만혼화된다고 하는 가설이 성립한다.

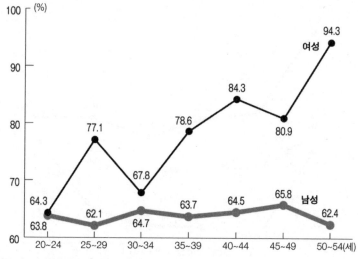

도표 6-10／미혼자가 결혼 상대의 조건으로 동일한 가치관을 원하는 비율(연령별)

자료: 미쓰비시종합연구소 「생활자시장예측시스템」 (2016).

문제는 비정규직 여성이 결혼하지 않는 것

30대 여성에서는 파견사원이나 계약사원일 경우 연봉이 올라갈수록 미혼율이 높아지는 경향이 있다(도표 6-11~12). 특히 연봉 200만 엔 이상에서는 정규직 여성보다 미혼율이 높고, 파견사원은 연봉의 높낮이에 따라 미혼율의 차이가 매우 크다.

시간제 근무자일 경우 40~44세에서는 연봉이 높을수록 미혼율이 올라가지만 50대에서는 별로 그런 경향이 없다(도표 6-13). 또한 30대에서는 150만 엔에서 249만 엔 또는 299만 엔까지는 미혼율이 높지만 그 이상에서는 미혼율이 떨어진다. 조금 의아한 현상이기는 하지만 아마도 정규직으로 있다가 결혼 후 시급이 높은 시간제 근무로 전환한 경우일 것으로 여겨진다.

도표 6-11／파견사원 여성의 연수입별 미혼율(연령별)

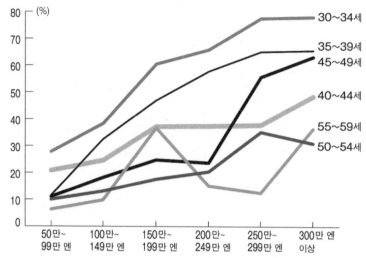

자료: 총무성 「취업구조 기본조사」(2012).

도표 6-12／계약사원 여성의 연수입별 미혼율(연령별)

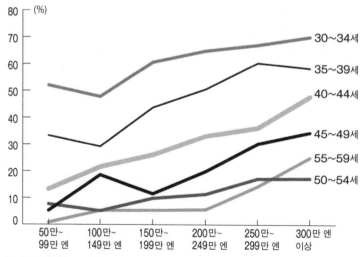

자료: 총무성 「취업구조 기본조사」(2012).

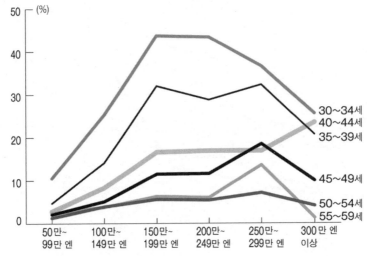

자료: 총무성 「취업구조 기본조사」(2012).

지금의 여성은 비정규직이 주류

참고로 정규직과 비정규직의 수를 보면 남성은 정규직이 2281만 명, 비정규직이 648만 명, 여성은 정규직이 1030만 명, 비정규직이 1394만 명으로, 정규직은 남녀비가 2 : 1, 비정규직은 1 : 2 정도라는 것을 알 수 있다.

이를 연령별로 보면(도표 6-14~15) 남성은 젊을 때는 미혼이면서 정규직이었는데 점점 기혼에서 정규직 수가 많아지고 있다. 35~39세는 과반수가 기혼에서 정규직이 많고 그 이상의 연령에서도 동일하다.

여성은 젊을 때는 미혼이면서 정규직이 많지만 미혼이면서 비정규직도 적지 않다. 30~34세에서는 기혼 정규직 비율이 24%, 35~39세에서는 27%이고, 40대 이상에서도 30% 가깝게 기혼 정규직이다. 반면 기혼 비

도표 6-14／남성의 취업자 총수에서 미혼·기혼별 정규직과 비정규직의 비율(연령별)

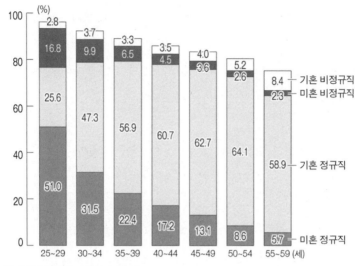

자료: 총무성 「취업구조 기본조사」(2012).

도표 6-15／여성의 취업자 총수에서 미혼·기혼별 정규직과 비정규직의 비율(연령별)

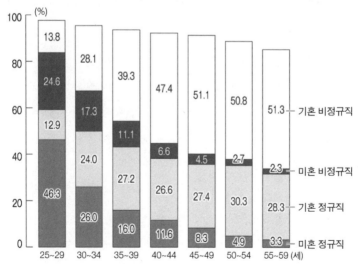

자료: 총무성 「취업구조 기본조사」(2012).

정규직은 40대 이상에서는 거의 절반을 차지하고 있다.

이렇듯 새삼 지적할 필요도 없겠지만 여성의 고용형태는 비정규직이 주류를 이루고 있다. 희망적인 것은 사회적 추세가 여성이 결혼·출산을 해도 정규직을 계속할 수 있도록 해야 하고 남녀 임금격차를 줄여야 한다는 방향으로 점점 바뀌고 있다는 사실이다.

왜 비정규직 여성이 정규직 여성보다 미혼율이 높은 것일까?

왜 30대에서는 비정규직이 정규직 여성보다 미혼율이 높을까? 이것은 2012년의 30대가 인구가 많은 단카이 주니어 세대이며 또한 취업 빙하기 세대이기 때문이다. 1971년 출생으로 전문대졸 여성은 1991년에 구직 활동을 했기 때문에 채용이 많았지만, 4년제 대졸 여성은 1993년에 구직 활동을 했기 때문에 취업 빙하기에 직면하게 되었던 것이다. 물론 전문대라도 1973년 출생이라면 빙하기에 속하게 된다.

「취업구조 기본조사」에서 25~29세 여성 취업자에 점하는 정규직의 비율을 보면 1992년의 25~29세에 해당하는, 즉 1967년 출생까지는 전문대졸이든 4년제 대졸이든 정규직 비율이 80% 전후이다(도표 6-16).

그런데 2002년이 되면 전문대졸은 60%, 4년제 대졸 이상은 70% 정도로 정규직 비율이 감소한다. 이 시기의 25~29세는 1973~1977년 출생한 단카이 주니어 세대이다.

2007년, 2012년에도 전문대졸의 정규직 수는 지속적으로 하락하고 4년제 대졸 이상은 2012년에 조금 상승했으나 1967년 출생까지의 수준에는 못 미친다. 전문대졸과 4년제 대졸 이상에서 정규직 고용률의 차이가 벌어진 것은 최근의 특징이다.

도표 6-16／여성의 학력별로 본 25~29세 시점에서의 정규직 수와 그 비율

			학력				
			합계	중졸	고졸	전문대졸	대학·대학원 졸
1958~ 1962년 출생	1987년	취업자 수	2,098,000명	64,000	879,000	592,000	296,000
		정규직 수	1,404,000명	39,000	651,000	467,000	240,000
		비율	66.9%	60.9	74.1	78.9	81.1
1963~ 1967년 출생	1992년	취업자 수	2,530,000명	72,000	1,073,000	803,000	375,000
		정규직 수	1,782,000명	37,000	785,000	639,000	311,000
		비율	70.4%	51.4	73.2	79.6	82.9
1973~ 1977년 출생	2002년	취업자 수	3,192,000명	99,000	1,057,600	1,278,700	721,900
		정규직 수	1,930,100명	25,500	551,100	839,900	504,200
		비율	60.5%	25.8	52.1	65.7	69.8
1978~ 1982년 출생	2007년	취업자 수	2,813,400명	78,300	736,800	1,067,900	860,100
		정규직 수	1,638,300명	17,900	313,500	673,700	609,100
		비율	58.2%	22.9	42.5	63.1	70.8
1983~ 1987년 출생	2012년	취업자 수	2,600,900명	89,800	775,100	673,600	1,011,700
		정규직 수	1,541,100명	15,400	322,900	423,500	765,800
		비율	59.3%	17.1	41.7	62.9	75.7

자료: 총무성 「취업구조 기본조사」(1987~2012)에서 저자 작성.

비정규직 여성은 만남의 기회가 적다

취업에 실패한 여성은 졸업 후 첫 직장에서 비정규직으로 일한다. 비정규직은 길면 2년, 짧으면 2, 3개월 만에 직장을 바꿔야 한다. 그러면 직장에서 이성을 만나고 교제할 기회가 적어진다. 따라서 결혼이 늦어지는 것이다.

인구가 많은 단카이 주니어 세대가 거품경제 붕괴로 인해 비정규직으로 취직하면서 비정규직 수가 늘어났다. 이러한 결과를 바탕으로 정규직 여성과 비정규직 여성의 결혼을 매우 단순하게 정리하면 '대졸 이상 정규직으로 수입이 높고 또한 수입이 많은 남성과 결혼할 가능성이 높은 여성과 대졸 이상이라도 비정규직이기에 결혼 상대로서 조건을 갖춘

이성과의 만남이 적고 결혼의 기회도 적은 여성 간의 격차가 생겨났다'
고 할 수 있다.

비정규직이면서 수입이 높은 여성의 미혼율이 높은 이유

한편 비정규직인데도 연봉 250만 엔 이상을 받는 여성이 등장했는데,
왜 비정규직 여성이 정규직 여성보다 수입이 높아지면 미혼율도 높아지
는 것일까?

우선 생각해볼 수 있는 것은 비정규직이면서 수입이 낮은 여성은 기
혼자로서 남편이 벌이의 주체인 경우가 많다. 그녀들은 자녀가 있고 가
사를 해야 하는 등의 이유로 단시간 근무를 한다.

이에 반해 생활비를 벌어다 주는 남편이 없으면 여성은 비정규직이라
도 수입이 높아지게끔 장시간 일하게 된다. 그래서 연봉이 높은 비정규
직 여성은 미혼율이 높은 것처럼 보이지만 그것은 결과다. 원인은 미혼,
비정규직인 것이고 열심히 노력한 결과로서 수입이 높아진 것이다.

이렇게 보면 높은 연봉 때문에 미혼화가 진행된 것이 아니라 취업 빙
하기 등으로 인해 학교를 졸업한 후 비정규직으로 일을 시작한 것이 미
혼화의 주원인이며 또한 미혼으로 일을 계속한 결과 수입이 높아졌다고
하는 게 옳을 것이다.

정규직이었던 여성의 자리를 비정규직이었던 여성이 채우다

여성 계층화 연구 관련 서적 중 명저로 꼽히는 『여성들의 헤이세이*

---

* 현재의 천황이 즉위한 1989년부터 지금까지의 일본 연호. 1989년이 헤이세이(平成) 원년, 2018년 현

불황』(2004)에 위와 동일한 내용이 게재되어 있다. 즉, 25세 시점에 미혼 정규직이었던 여성은 30대 후반 이후가 되면 정규직 비율이 30% 정도 떨어진다. 반면 25세 시점에 미혼으로 무직 또는 비정규직이었던 여성은 30대 후반 이후에 정규직 비율이 30% 정도로 올라간다. 다시 말해 25세 시점에서 정규직이든 비정규직이든 30대 후반 이후가 되면 정규직 비율이 동일해지는 것이다.

그 이유는 25세 시점에 정규직이었던 여성은 결혼·출산으로 인해 비정규직으로 전환하거나 직장을 그만두는데, 25세 시점에서 무직이거나 비정규직이었던 여성은 결혼이 늦어지거나(30대 후반 이후의 기혼율 70%, 25세 시점에서 정규직이었던 여성은 80% 이상), 또는 교제하는 남성이나 결혼 상대의 수입이 낮기 때문에 일을 계속하고 경력을 쌓아 정규직으로 전환해가기 때문이다.

즉, 정규직이었던 여성이 결혼이나 출산 등으로 인해 정규직을 떠난 빈자리를 비정규직 여성이 채우고 있었던 것이다. 비정규직 여성의 연봉이 높아질수록 미혼율도 높아지는 이유 중 하나가 여기에 있다고 할 수 있다.

미혼 정규직 여성은 결혼 후 비정규직으로 전환하면서 수입이 낮아진다

2007년의 35~39세 미혼여성과 2012년의 40~44세 미혼여성의 수를 수입별로 비교해서 보자(도표 6-17). 이들은 제2차 베이비붐 세대이다.

도표에서 보듯 전체적으로 미혼 정규직 여성의 수가 감소하고 있다.

재는 헤이세이 30년이 된다.

도표 6-17／미혼 정규직 여성 수와 기혼 비정규직 여성 수의 추이

	2017년	2012년		
	35~39세	40~44세	차이	증감률
미혼 정규직	468,600명	383,800명	-84,800명	-18.1%
50만 엔 미만	800	700	-100	-12.5
50만~99만 엔	4,400	3,500	-900	-20.5
100만~149만 엔	15,200	10,600	-4,600	-30.3
150만~199만 엔	29,600	18,800	-10,800	-36.5
200만~249만 엔	56,700	52,700	-4,000	-7.1
250만~299만 엔	67,100	46,200	-20,900	-31.1
300만~399만 엔	118,500	82,600	-35,900	-30.3
400만~499만 엔	82,000	67,000	-15,000	-18.3
500만 엔 이상	86,400	96,800	10,400	12.0
기혼 비정규직	1,166,500	1,568,900	402,400	34.5
50만 엔 미만	154,600	160,600	6,000	3.9
50만~99만 엔	498,500	656,700	158,200	31.7
100만~149만 엔	305,300	427,400	122,100	40.0
150만~199만 엔	87,400	142,500	55,100	63.0
200만~249만 엔	67,800	99,100	31,300	46.2
250만~299만 엔	21,800	37,900	16,100	73.9
300만 엔 이상	23,000	32,200	9,200	40.0

자료: 총무성 「취업구조 기본조사」(2007~2012)에서 저자 작성.

이는 결혼으로 인해 정규직을 그만두었기 때문으로 추측된다.

연봉별로 보면 250만~399만 엔의 미혼 정규직 여성이 30% 이상 감소하고 있는 반면 400만~499만 엔의 감소율은 18%로 낮다. 그런데 500만 엔 이상에서는 미혼 정규직 여성이 12% 증가하고 있다. 이렇게만 보면 확실히 수입이 높을 시 결혼 확률이 낮아지는 것으로 보인다.

한편 기혼의 비정규직은 모든 금액대에서 증가하고, 특히 50만~149만 엔에서 증가 수가 크다. 여기서도 30대까지 미혼 정규직이었던 여성이 결혼·출산 후 40대가 되어 비정규직으로 전환하면서 수입이 낮아지

는 경우가 많다는 것을 확실히 알 수 있다.

수입이 높은 여성은 수입이 높은 남성과 결혼한다

2005년에 나는 요미우리 광고회사와 함께 여성의 결혼 전 수입별 결혼한 남편의 수입을 조사한 적이 있다. 결혼 전에 연수입 200만 엔 이상 400만 엔 미만이었던 여성의 경우 남편의 연수입이 200만 엔 이상 400만 엔 미만이 26%, 400만 엔 이상 600만 엔 미만이 42%, 600만 엔 이상이 33%였다.

그런데 연수입 400만 엔 이상 600만 엔 미만이었던 여성의 남편은 200만 엔 이상 400만 엔 미만은 4%밖에 되지 않고 400만 엔 이상 600만 엔 미만이 37%, 600만 엔 이상이 59%였다.

즉, 여성은 자신보다 수입이 높은 남성과 결혼하는 경향이 있다. 그러나 출산 후 그 여성은 자진하여 높은 수입을 버리는 경우가 있다. 그 때문에 수입이 높은 여성의 미혼율이 높은 것처럼 보이는 것이다. 그러나 몇 번이고 말하지만 그것은 결과다. 수입이 높기 때문에 결혼하지 않는다고 단정할 수 없다.

수입이 높은 남성의 부인은 수입이 낮을까? 높을까?

마지막으로 남편의 수입과 부인의 수입의 상관관계를 보도록 하자. 이전에는 남편의 수입이 높으면 부인은 일하지 않아도 되기 때문에 부인의 수입은 감소하는 경향이 있다고 여겨졌다. 이것을 '더글라스·아리사와의 법칙'*이라고 한다. 그런데 최근 들어서는 이 법칙이 별로 성립하지 않는다고 한다.

도표 6-18／남편의 수입별로 본 부인의 수입 비율

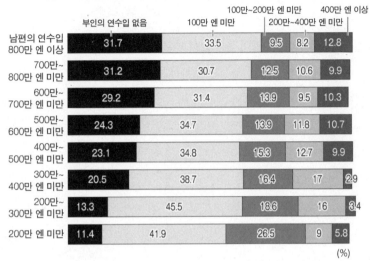

주: '모른다'고 응답한 수는 표시하지 않음.
자료: 미쓰비시종합연구소 「생활자시장예측시스템」(2016).

　미쓰비시종합연구소의 설문조사를 통해 이에 대해 검증해보면 남편의 수입이 높아질수록 부인의 수입 '없음'이 증가한다. 즉, 더글라스·아리사와의 법칙이 성립하고 있다(도표 6-18).

　다만 남편의 수입이 700만 엔 이상이 되면 부인의 수입 '없음'은 별로 증가하지 않는다. 그리고 남편의 수입이 높아질수록 부인의 수입이 400만 엔 이상인 비율이 증가하는 경향이 있다.

　이처럼 더글라스·아리사와의 법칙이 완전히 사라지지 않은 채 한편

* 1930년대에 미국의 경제학자 폴 하워드 더글라스(Paul Howard Douglas)가 발견하고 일본의 경제학자 아리사와 히로미(有沢 広已)가 실증한 법칙. 세대주의 수입과 배우자의 취업률 사이에는 음의 상관관계가 있다는 것을 밝혔다. 즉, 남편의 수입이 높으면 부인이 일을 할 확률은 낮아진다는 것이다.

에서는 연수입이 높은 남편과 연수입이 높은 부인의 조합, 이른바 '고수입자 결혼'이 증가하고 있다.

한편 남편의 수입이 200만 엔 미만이고 부인의 수입이 400만 엔 이상인 경우가 의외로 많다. 이는 부인이 남편을 재정적으로 지원한다고 보아야 하겠다.

동일한 수입의 남녀가 결혼한다

다음으로 부인의 수입별로 남편의 수입을 보면 부인의 연수입이 600만 엔 이상인 경우 남편의 연수입이 800만 엔 이상인 경우가 36%나 되고 600만 엔 이상인 경우를 합하면 63%에 이른다. 또한 남편의 연수입이 600만 엔 미만으로 부인보다 낮은 경우가 35.1%이다(도표 6-19).

도표 6-19／부인의 수입별로 본 남편의 수입 비율

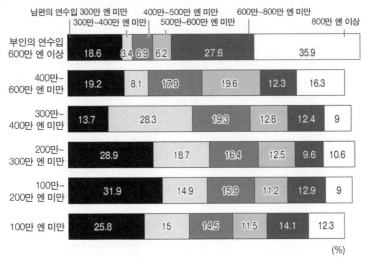

주: '모른다'고 응답한 수는 표시하지 않음.
자료: 미쓰비시종합연구소 「생활자시장예측시스템」 (2016).

부인의 연수입이 400만~600만 엔이면 남편의 연수입은 600만 엔 이상이 29%이고 부인보다 남편의 연수입인 낮은 경우는 27%이다. 부인의 연수입이 400만 엔 이상이면 상당수가 남편보다 고수입인 경우가 된다.

부인의 연수입이 300만~400만 엔이면 남편의 연수입도 300만~400만 엔이 28%이며, 부인의 연수입이 200만~300만 엔이면 남편의 연수입은 300만 엔 미만이 29%를 점한다. 즉, 부인의 연수입이 중간 정도이면 남편의 연수입은 낮아지는 경향이 있다.

게다가 부인의 연수입이 100만~400만 엔일 경우 남편의 연수입이 600만 엔 이상인 비율은 20% 전후이지만 부인의 연수입이 100만 엔 미만이면 남편의 연수입이 600만 엔 이상인 비율은 26%로 약간 올라간다. 이는 주로 시간제 근무를 하는 주부일 경우가 많다.

정리해보면 다음과 같은 경향을 알 수 있다.

- 동일한 연수입의 남녀가 결혼한다.
- 그러므로 연수입이 높은 여성일수록 연수입이 높은 남성과 결혼한다.
- 연수입이 높은 여성의 남편은 부인보다 연수입이 낮은 경우도 많다.
- 연수입이 중간 정도인 여성의 남편은 연수입이 낮다.
- 연수입 100만 엔 미만 여성의 경우 남편의 연수입은 600만 엔 이상이 약간 많다(=기존의 부부형태).

한편 1970~1986년 출생의 젊은 세대에 한해 남편의 수입별 부인의 수입, 또는 부인의 수입별 남편의 수입을 집계해도 상기와 대체로 동일한 경향이 보이므로 여기서는 따로 게재하지 않았다.

비정규직 여성의 수입과 남편의 수입과의 관계

다음으로 기혼여성의 고용형태별 수입과 남편의 수입과의 관계를 보자. 비정규직 기혼여성의 경우 연봉이 올라갈수록 남편의 연수입이 400만 엔 이상인 비율은 낮아진다. 연수입이 100만 엔 미만이면 남편의 연수입이 400만 엔 이상인 비율은 57%, 100만~200만 엔이면 55%, 200만~300만 엔이면 51%, 300만~400만 엔이면 46%, 400만 엔 이상이면 34%로 착실히 하락해간다(도표 6-20).

이에 반해 정규직 기혼여성은 연봉이 올라갈수록 남편의 연봉도 400만 엔 이상인 비율이 증가한다. 예를 들어 연봉 100만 엔 미만의 정규직 기혼여성은 남편의 연봉이 400만 엔 이상인 경우는 32%이지만 100만~200만 엔 미만이면 40%, 200만~300만 엔 미만이면 49%, 300만~400만

도표 6-20／정규직과 비정규직 여성의 연봉별로 본 배우자의 수입

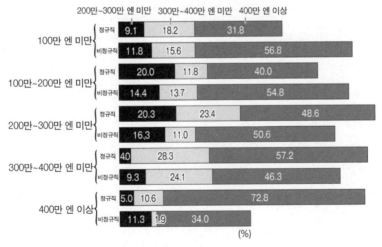

자료: 미쓰비시종합연구소 「생활자시장예측시스템」(2016).

엔 미만이면 57%, 400만 엔 이상이면 73%로 순조롭게 올라간다.

즉, 여성이 정규직인지 비정규직인지에 따라 본인의 수입에 차이가 생기는 것뿐만 아니라 부부 합계 수입에도 차이가 발생한다.

그렇다고 해도 정규직이든 비정규직이든 여성이 결혼 후에도 지속적으로 일을 하고 경력을 쌓아 수입을 올리는 것은 가계에나 사회적으로나 중요하며, 정부도 여성의 다수를 점하는 비정규직의 처우 개선에 더욱 노력해야 할 것이다.

남녀평등 사회는 수입격차 사회를 조장하는가?

이야기가 장황해졌는데, 이렇게 보니 수입이 높은 여성은 결혼하기 힘들다는 말이 맞지 않다는 것을 알 수 있다.

특정 연령대에 한정 짓거나 단카이 주니어보다 윗세대, 특히 남녀 고용기회 균등법을 적용받은 1세대를 보면 확실히 그런 경향이 보이지만, 현재 40대 전후에 있는 단카이 주니어 여성은 수입이 높을수록 결혼하지 않는 경향이 있다고 단정할 수 없다.

수입이 높은 여성이 결혼이 약간 늦어지는 경향이 있기는 하지만 그렇다고 생애 미혼은 아니다. 결혼한다면 수입이 높은 남성과 결혼할 확률이 높고 결혼 후 고수입 부부가 되거나 또는 아내가 비정규직으로 전환하는 등의 이유로 수입이 낮아지는 경우가 있다고 할 수 있다.

생각해보면 이는 당연하다. 차츰 남녀가 동일한 회사에서 동일한 직무를 수행하는 경우가 증가하기 때문에 동일한 연봉의 남녀가 만나서 결혼하는 경우도 증가한다. 예전에는 동일한 회사에 동일한 나이라도 남성이 연봉이 높고 여성은 낮았다. 그러나 지금은 다르다. 연봉이 높은 남성과 연봉이 높은 여성이 결혼하는 경우가 증가할 수밖에 없으며 한 편으로는 연봉이 높은 여성이 연봉이 낮은 남성과 결혼하는 경우도 발생한다. 즉, 남녀가 평등하게 일하는 사회가 되면 부부간에 경제격차가 벌어질 수 있다. 그렇다고 해서 여성의 사회 진출을 막을 수는 없지 않은가.

나는 2005년부터 이러한 내용을 여러 차례 피력해왔는데 아직도 수입이 높은 여성은 결혼하기 힘들다는 등의 주장을 하는 사람이 있다. 이는 편협하다 못해 차별적이며 여성의 사회 진출을 야유하고 저지하려는 의도로밖에 보이지 않는다. 덴츠(電通)의 여성사원 자살*을 계기로 대기업에서 일하는 여성의 업무에 시선이 집중되는 가운데 그러한 주장은 시대의 변화를 읽지 못하는 단견일 뿐이다.

지금 여성은 수입에 관계없이 나이가 많아도 결혼할 수 있는 시대가 되었고 이후 더욱 그렇게 될 것이다. 수입이나 나이가 자신보다 낮은 남성과 결혼하는 것도 더욱 자연스러워질 것이다. 물론 비정규직 남녀의 처우 개선은 필요하다.

한편 지면상의 이유로 상세하게 설명하지는 않겠지만 여성의 수입과 이혼율에는 명확한 상관관계가 없다. 즉, 수입이 높은 여성이 이혼하기 쉽다고 하는 경향은 미쓰비시종합연구소의 데이터에서는 볼 수 없었다.

수입이 높은 여성은 결혼할 수 없다든가 이혼하기 쉽다는 말의 진실을 규명하는 것은 앞으로도 쉽지 않을 것이다.

---

* 세계적으로 유명한 일본의 광고회사 덴츠에서 근무하던 신입 여성사원이 2015년 12월 25일에 과중한 업무로 자살한 사건.

비고 ① 2001년 출생자의 모계를 보면 출산 1년 전에 33%였던 정사원이 출산 반년 후에는 16%로 감소했다. 16%였던 시간제 근무자도 3.6%로 감소했으며 8년 후 정사원은 18%로 회복되었고 시간제 근무자는 37%로 증가했다. 반면 2010년 출생자의 모계는 출산 1년 전에 38%였던 정사원이 출산 반년 이후에도 25% 정도로만 감소했다. 출산으로 인해 정사원 자리를 떠나는 여성이 줄고 있음을 알 수 있다(후생노동성 「21세기 출생아 종단조사」).

비고 ② 비정규직 사원으로 300만 엔 이상, 경우에 따라서는 500만 엔 이상의 비교적 고연봉을 받는 사람이 있는데, 예를 들어 대형 광고회사 덴츠의 계약사원은 연봉 350만~750만 엔을 받으며 인력 파견회사 직원도 310만~370만 엔을 받는다.

에필로그 1
앞으로 일본은 75세까지 일하기 위해 셀프케어 사회가 될 것이다

이상 보았듯이 일본에서는 지금 중장년 싱글이 증가하고 있다. 이는 스스로를 돌보지 않으면 안 되는 사람이 많아진다는 것을 의미한다. 자신이 스스로를 케어해야 하는 것이다.

이런 사회를 나는 이전부터 '라이프스타일 케어 사회'라고 명명했다.

전업주부가 대부분이었던 시대에 케어는 전업주부의 역할이었다. 건강을 생각하면서 식사를 만드는 것도 집이나 옷을 청결하게 유지하는 것도 가족이 병이 났을 때나 다쳤을 때에 간호하는 것도 부모를 개호하는 것도 여성, 특히 전업주부의 역할이었던 것이다.

그로부터 15년이 지난 지금, 일본은 더욱 라이프스타일 케어 사회가 되어가고 있다. 결혼하는 사람이 줄고 결혼을 해도 전업주부가 감소하고 밖에서 일하는 여성이 증가하는 시대에 케어의 역할을 여성에게만 전업주부에게만 강요할 수는 없게 되었다. 누구나, 이를테면 혼자 살아도 누구와 함께 살아도 자신의 일은 스스로 케어하지 않으면 안 되는 시대가 된 것이다. 그러한 의미에서 보면 라이프스타일 케어 사회를 '셀프케어 사회'라고 부르는 것이 보다 정확할 것이다. 앞서 2장에서 4장에 걸쳐 본 소비지출 동향에서도 이러한 셀프케어 경향이 강해지고 있는 것을 확인할 수 있다.

또한 '1억 명 총 활약사회'라는 기치 아래 연금을 75세부터 지급하자는 제안도 나왔다. 건강할 때 일을 계속하지 않으면 안 되는 시대가 된 것이다.

연금 지급을 75세부터 한다면 상황이 얼마나 호전되는지에 대해서는 이미 인구학적으로 밝혀졌다. 이에 대해서는 『일본의 지가가 3분의 1이 되다』(2014)에 상세하게 써놓았는데, 요약하면 15~64세의 돈 버는 현역세대 10명이 현재 65세 이상의 시니어 4.5명을 부양하고 있는데, 2060년이 되면 10명이 8명을 부양하지 않으면 안 된다. 이렇게 되면 현역세대의 부담이 너무 크다. 그래서 20~74세를 현역세대로 하고 75세 이상을 부양세대로 하면 2060년에도 10명이 4.5명을 부양하게 되는 것이다.

사실 '60세에 정년 퇴직하고 남은 인생은 유유자적'이라는 라이프스타일이 이전부터 있었던 것은 아니다. 총무성의 「노동력조사」에 의하면 최근 65~69세 남녀 모두 노동력 비율이 증가하고 있는데, 남성의 경우 1960년대 말부터 1970년대에는 지금보다 노동력 비율이 높았다. 1960년대 말에는 70세 이상에서도 남성은 40% 가깝게 일을 했다(도표 ①).

이는 당시 자영업을 하는 남성이 많아 정년이 없었고 몸을 움직일 수 있는 동안에는 일을 했기 때문이다. 그리고 차츰 샐러리맨이 증가하고 1986년에 60세 정년제가 법률로 정해지면서 60세에 은퇴하는 사람이 늘어났다. 그 이후 65세 이상의 노동력 비율이 계속 떨어졌던 것이다. 65~69세의 노동력 비율이 가장 낮았던 때가 2004년이므로 1935~1939년 출생, 즉 단카이 세대보다 열 살 위의 남성이 가장 '정년 후에 일하지 않는' 세대가 된 것이다.

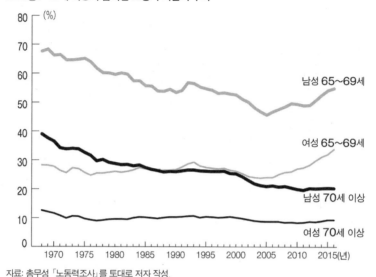

도표 ① / 65세 이상의 남녀별 노동력 비율의 추이

남성 65~69세

여성 65~69세

남성 70세 이상

여성 70세 이상

자료: 총무성 「노동력조사」를 토대로 저자 작성.

그러나 이제는 그런 시대가 아니다. 특히 인구가 많은 단카이 세대에게는 '평생 일하기 때문에 연금이 필요 없다'는 말을 들을 정도가 되지 않으면 안 될 만큼 어려운 시대다. 신체가 부자유해도 머리가 정상이라면 머리만으로 일하게 할 것이다. 그리고 단카이 세대 이후에는 이것이 상식화될 것이다.

단카이 주니어 세대는 거의 전원이 74세까지 일하고 75세부터 연금을 받는 세대가 된다. 그렇기 때문에 건강이 더욱 중요해지고 병이나 사고의 예방을 중시하게 된다.

이렇게 보면 왠지 쓸쓸하고 고독한 사회가 도래한 것처럼 들리겠지만 반드시 그렇지만은 않다. 현대는 '제4의 소비시대'이며 개인화된 사람들이 개인화로 인해 오히려 사람과의 연결을 요구하고 다양한 분야에서

기능이나 지식을 공유하는 시대다. 언제나 동일한 사람과 동일한 것을 하는 기존의 고정적인 공동체가 아니라 한 사람이 항상 몇 개의 그룹에 속해 일하고 정보와 역할을 공유하고 다양한 사람들과 만나고, 그래서 새로운 커뮤니티가 모색되고 있는 것이 현대다. 그러므로 셀프케어 사회는 케어를 공유할 커뮤니티를 많이 생성해낼 것이다.

에필로그 2
가족의 다양화에서 행복의 다양화로

2017년 7월에 NHK가 방송한 AI 관련 프로그램에서 AI가 '40대 1인 가구가 일본을 망하게 한다'고 분석한 것을 소개하자 인터넷상에서 비난이 쇄도했다.

지금의 AI는 상관관계는 나타내지만 인과관계는 밝힐 수 없다고 하는데 40대 1인 가구의 증가가 미혼율의 상승, 자살자의 증가, 구급차 출동 건수의 증가 등과 상관이 있어서 이런 분석이 나온 것 같다.

그러나 40대를 중심으로 하는 중장년 1인 가구의 증가가 일본의 장래에 마이너스 영향을 미친다는 것은 이미 과거 십수 년에 걸쳐 많은 사람들이 지적해온 것이기 때문에 지금 와서 새삼 AI에게 지적받을 만큼 신기한 정보는 아니다. 그러므로 이것은 시청률 우선주의인 방송국에서 화제 만들기, 일종의 '노이즈 마케팅'을 한 것이라고 생각한다.

어찌 되었든 정말 40대 이상 중장년 싱글이 일본을 망하게 하는 원인일까? 혼자 사는 사람은 혼자 살 정도의 수입이 있다. 오히려 혼자 사는 것이 불가능할 정도로 수입이 없는 패러사이트야말로 문제가 아닐까?

진실은 AI도 나도 모른다. 하지만 그 같은 '있을 법한' 비관론에 대해 이 책은 반론이라기보다는 다른 시나리오를 제시하고자 한다.

확실히 연수입 400만 엔 이상이 되지 않으면 남성은 결혼이 힘들다는 데이터가 있다. 그러나 그것은 자녀 양육에는 돈이 들고, 여성이 출산·육아 중에는 남성의 수입에 의존하기 때문에 남성의 수입이 높지 않으면 곤란하다는 등의 전제에서 비롯된 것이다.

이러한 전제를 거두고 다시 생각해보자. 어떤 남성이 비정규직이라서 30세 전후에 연봉 400만 엔에 이르지 못하고 45세에 겨우 그것을 달성했다. 그 후 30세 여성과 결혼을 하고 자녀를 낳을 수도 있고, 아니면 그 상대가 50세 여성이고 출산은 어려워도 두 사람의 행복에 출산이 불가결하지 않다면 문제가 되지 않는다.

또한 부인이 계속 비정규직이라 해도 장기간 근무를 통해 경력이 쌓이고 역시 연봉 300만 엔이 되면 부부 합계 연수입이 700만 엔이 되어 향후 몇 십 년의 인생을 충분히 풍요롭고 행복하게 보낼 수 있을 것이다.

100세 시대라고 하는 지금, 45세나 50세는 아직 인생 중반기다. 45세라면 향후 40년, 60세라도 향후 40년을 더 살지도 모른다. 그렇다면 중장년이 되고 나서 인생의 반려자를 찾아도 너무 늦은 것은 아니다.

이와는 반대로 30세에 연봉 400만 엔을 넘은 남성이 결혼하고 부인은 전업주부가 되어 두 명의 자녀를 낳고 양육한다. 막대한 교육비를 지불하고 주택 대출을 완전히 갚은 후 65세가 되었을 때는 부부 사이에 애정도 식고 냉랭한 바람이 분다. 그 부부는 향후 20년, 30년의 인생을 행복하게 보낼 수 있을까?

나는 지금까지 수없이 많이 가족이나 결혼에 관한 조사를 해왔는데, 그 결과를 보고 항상 생각했던 것은 가족의 형태가 다양해지고 있는 반면 행복의 모습은 그렇지 않다는 것이었다. 미혼자보다 전업주부가 행복하고, 수입이 많은 사람이 적은 사람보다 생활에 만족하고 있다는 조사결과를 여러 번 보았기 때문이다.

그러나 그 후의 경험이나, 이 책을 쓰기 위해 실시한 다양한 통계 분석, 실태 리포트를 보면서 행복의 이미지도 이제 다양해지고 있다는 생각을 하게 되었다.

젊었을 때부터 계속 싱글이어도, 도중에 싱글이 되었어도, 50세가 넘어 결혼을 해도 각각의 사람들에게는 나름의 행복이 있다는 것을 알게 되었다.

그렇게 생각하게 된 최초의 계기는 어느 아파트의 리모델링 콘테스트를 기획했을 때다. 다운타운에 있는 모기업 소유의 아파트가 노후로 인해 빈집이 많았고, 그 기업은 이 문제에 대해 나에게 상담을 해왔다. 나는 '일반인에게 리모델링 디자인 제안을 받아 최우수 제안자를 실제 살도록 해주자'고 제언했고 그것이 실현되었다.

최우수 제안자는 50세 가까이 된 여성과 50대 중반의 남성 커플로 자신들의 신혼집으로 하기 위해 이 방을 리모델링하고 싶다고 했다. 지금까지 충분히 인생을 경험한 두 사람이기에 그들이 제안한 디자인은 오래된 아파트에 어울리는, 안락함이 있으면서도 심플하고 미니멀한 것이었다.

지금 가지고 있는 많은 가재도구는 어떻게 할 것인지를 묻자 인터넷 중고장터에 내놓을 예정이라고 한다. 최소한의 필요한 물건만 가지고 중년의 연인이 새로운 생활을 시작한다. 얼마나 멋진 삶인가.

통계를 보면 50세 전후의 나이에 기혼이 아닌 사람의 수가 증가하고 있다. 앞으로 인구가 많은 단카이 주니어 세대가 그 연령대가 되면 그

도표 ② / 남성의 연령별 결혼건수(초혼)

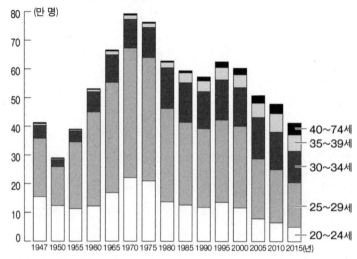

자료: 후생노동성 「인구동태통계」를 토대로 저자 작성.

도표 ③ / 여성의 연령별 결혼건수(초혼)

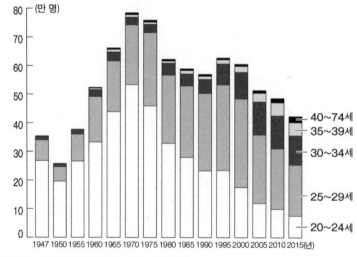

자료: 후생노동성 「인구동태통계」를 토대로 저자 작성.

수는 더욱 증가할 것이 틀림없다(도표 ②, ③). 바꿔 말해 이는 50세 전후에 결혼할 가능성이 있는 사람이 많다는 말이다. '정년이혼', '황혼이혼' 등의 용어가 익숙해진 작금이지만 앞으로는 '중년결혼', '정년결혼'이라는 용어를 더 많이 듣게 될지도 모르겠다. 실제로 최근 남녀 모두 40세 이상의 결혼이 많아지고 있다.

이처럼 고령사회, 중장년 싱글사회, 또는 인생 100세 시대는 라이프스타일이 더욱 다양화되고, 행복의 그림도 다양화되는 시대다. 그리고 그렇게 되어야 한다. 인생의 초기단계에 기회를 놓쳤다고 해서 이후로도 계속 기회가 없을 것이라고 여기는 사회는 100세 시대를 감당해낼 수 없다. 인생의 전반기에는 일 중심으로 살다 보니 결혼에 연이 없었지만 50세에 이르러 반려자를 만날 수도 있고, 일찍 결혼하여 가정주부로 있던 여성이 50세부터 일을 시작하여 75세까지 열정적으로 일할 수도 있다. 그러한 사회로 되어가고 있으며 또 그렇게 되지 않으면 안 된다.

지은이

미우라 아츠시(三浦 展)

1982년 파르코(PARCO) 백화점, 1990년 미쓰비시종합연구소를 거쳐, 1999년 컬처 스터디즈 연구소를 설립했다. 마케팅 애널리스트이자 소비사회 및 사회디자인 연구자로서 기업 컨설팅을 하고 있다.
저서에 『하류사회(下流社会)』, 『제4의 소비(第四の消費)』, 『부유층의 지갑(富裕層の財布)』, 『매일 같은 옷을 입는 것이 멋있는 시대(毎日同じ服を着るのがおしゃれな時代)』, 『일본인은 앞으로 무엇을 구입하는가?(日本人はこれから何を買うのか?)』, 『미래의 일본을 위해 공유 이야기를 하자(これからの日本のために「シェア」の話をしよう)』, 『일본의 지가가 3분의 1이 되다!(日本eの地価が3分の1になる!)』, 『데이터로 보는 2030년의 일본(データでわかる2030年の日本)』, 『도쿄 근교의 생존경쟁이 시작되다!(東京郊外の生存競争が始まった!)』, 『도쿄는 외곽지역부터 사라져 간다(東京は郊外から消えていく!)』, 『가족과 행복의 전후사(「家族」と「幸福」の戦後史)』, 『도쿄전원모던(東京田園モダン)』 등이 있다.

옮긴이

(주)애드리치 마케팅전략연구소

시장과 소비자에 대한 철저한 분석과 다양한 사례 연구를 통해 기업이 당면한 과제
에 대한 마케팅 솔루션을 제공하고 있다. 특히 미국, 일본 시장의 전문가를 중심으로
실전 경험이 풍부한 우수한 플래너들이 국내뿐만 아니라 글로벌 마케팅 전략과 방법
론을 제시한다. 급변하는 시장 환경에 맞춰 유연성을 가진 마케팅 실행 시스템을 개
발하고 있으며, 소비자와 사회 트렌드를 지속적으로 주시하면서 성향 분석과 잠재
니즈 개발에 힘쓰고 있다.

중장년 싱글세대의 소비 트렌드

인구감소사회의 소비와 행동

지은이 미우라 아츠시 ㅣ 옮긴이 (주)애드리치 마케팅전략연구소
펴낸이 김종수 ㅣ 펴낸곳 한울엠플러스(주) ㅣ 편집 배유진

초판 1쇄 인쇄 2018년 10월 15일 ㅣ 초판 1쇄 발행 2018년 10월 30일

주소 10881 경기도 파주시 광인사길 153 한울시소빌딩 3층
전화 031-955-0655 ㅣ 팩스 031-955-0656
홈페이지 www.hanulmplus.kr ㅣ 등록번호 제406-2015-000143호

Printed in Korea.
ISBN 978-89-460-6559-8 03320
* 책값은 겉표지에 표시되어 있습니다.

소비자를 사로잡는 슬로건

- 로라 리스 지음 | 이희복 옮김
- 2018년 6월 29일 발행 | 변형신국판 | 176면

슬로건, 마케팅 시장에서 상대를 압도할 함성
슬로건, 소비자의 마음과 지갑을 열 마법의 열쇠

스코틀랜드 게일어 '슬루아그 가럼(Slaugh gairm)'은 전장의 함성을 의미한다. 이 단어는 변화를 거듭해 슬로건(Slogan)이 되었다. 마케팅 분야에서 슬로건은, 상대를 압도할 전장의 함성이다. 그렇다면 전장으로 표현되는 마케팅 시장에서 소비자를 사로잡을 슬로건은 어떻게 만들 수 있을까? 기억에 남는 슬로건과 그렇지 못한 슬로건의 차이는 무엇일까?

오늘날 매스미디어와 스마트미디어, 광고를 비롯해 소비자의 인식 속 전장에서, 슬로건의 중요성은 나날이 커지고 있다. 제 아무리 좋은 아이디어나 콘셉트, 전략을 가지고 있어도 슬로건으로 표현하지 못하면, 아무 짝에도 소용없다. 단 몇 초면 광고 전략의 성패를 판가름하는 슬로건의 중요성은 점점 더 커지고 있다. 더 오래, 더 많은 사람들이 기억하는 슬로건은 사람들의 입에 오르내리며, 브랜드를 마음에 심는다. 소비자를 홀리는 한마디 함성은 소비자의 지갑을 열어 해당 브랜드를 선도 브랜드의 반열에 올려놓는다.

시장을 움직이는 비주얼 해머

- 로라 리스 지음 | 이희복 옮김
- 2018년 6월 29일 발행 | 변형신국판 | 208면

언어적인 못 '슬로건'을 박을 강력한 무기,
'비주얼 해머'에 주목하라!

모든 마케팅 프로그램은 단어로 표현된다. 그래서 많은 마케팅 전문가들은 단어에 집착하며, 더 좋은 표현을 찾기 위해, 더 좋은 슬로건을 만들기 위해 고심하고 특정 단어를 만드는 데 많은 시간과 노력을 쏟아붓는다. 하지만 정보 과잉의 시대에 소비자들이 브랜드와 슬로건을 기억하기란 쉽지 않다.

이 책의 저자 로라 리스는 아버지 앨 리스가 포시셔닝이라는 획기적인 이론을 도입한 것처럼, '비주얼 해머'라는 용어를 고안해냈다. '비주얼 해머'는 브랜드를 한순간에 떠오르게 하는 마법의 망치다. 이 망치로 브랜드를 세차게 치는 순간, 소비자는 잊지 못할 기억으로 브랜드를 갖게 된다. 한 입 베어 문 사과, 황금 아치, 카우보이, 컨투어병을 보는 순간 애플, 맥도날드, 말보로, 코카콜라를 외칠 수 있는 것은 이 때문이다.

광고의 변화
8가지 성공 사례로 배우는
효과적인 광고 만들기

- 사토 다쓰로 지음 | (주) 애드리치 마케팅전략연구소 옮김
- 2017년 10월 30일 발행 | 국판 | 192면

오래된 상식은 광고를 속박한다
새로운 상식은 광고를 자유롭게 한다

이 책의 저자는 최근 10여 년에 걸쳐 실무자이자 연구자의 입장에서 광고커뮤니케이션의 변화를 몸소 체험해온 인물로, 업계 2, 3위의 광고회사에서 카피라이터와 크리에이티브 디렉터로 오랫동안 일해왔고 현장을 매우 잘 알고 있다. 국제광고상 심사위원을 여러 번 맡은 덕분에 세계 최첨단 광고 사례를 많이 접했고, 이에 대해 독자적 분석을 가미하여 일본광고학회를 중심으로 논문 발표를 해왔다. 이처럼 광고업계에서 잔뼈가 굵은 저자는 독자들이 알기 쉽도록 광고계의 변화를 전달하는 책을 썼다. 최근 10년간 광고계에서 일어난 주요 변화를 망라했으며, 새로운 상식으로 국제광고제에서 크게 주목받은 사례도 여럿 소개했다. 또한 가공의 광고 회의 모습을 묘사하고, 회의 때 맞닥뜨릴 수 있는 문제를 구체적으로 해결해나가는 과정을 제시했다.

저자는 이 책이 '앞으로의 광고'에 대한 대처법이 되기를 바란다고 했다. 다양한 업종의 광고주, 광고업계 종사자, 광고에 흥미를 가지고 있는 학생, 커뮤니케이션 분야에 관심이 있는 일반 독자는 이 책을 통해 앞으로의 광고에 대한 힌트를 얻을 수 있을 것이다.

마케팅은 진화한다

실무에서 응용하는 최신 마케팅 이론

- 미즈노 마코토 지음 | (주) 애드리치 마케팅전략연구소 옮김
- 2016년 10월 31일 발행 | 신국판 | 272면

급변하는 시장 상황에서 살아남기 위한
마케팅 전략을 선택하라!

이 책은 기본으로 통용되는 마케팅 기법을 소개하고 그 기법의 장단점을 제시한다. 130개가량의 도표를 수록하면서 전문 경영 서적에서나 볼 수 있는 이론을 알기 쉽게 설명한다. 수요곡선과 매출곡선 도표, 입소문 전달 과정을 구하는 공식 등은 실무자들이 실제 상황에서 응용할 수 있을 정도로 알기 쉽게 정리되어 있다. 시장점유율에서 뒤처지는 후발 주자라면 어떻게 마케팅을 해야 매출을 끌어올릴 수 있을까? 가격은 어느 수준에서 설정해야 경쟁에서 유리할까? 이 책은 이러한 질문에 해답을 줄 수 있을 것이다.

그뿐 아니라 고객의 니즈를 파악해 최적의 제품을 구매하는 여러 기법도 소개한다. 멘탈시뮬레이션이나 브레인스토밍, 페르소나법, KJ법 등은 실제로 효율적으로 마케팅을 하기 위해 마케팅 현장에서 사용되는 기법이다. 소니의 이부카 마사루 명예회장은 개인적으로 비행기 안에서도 깨끗한 소리로 음악을 들을 수 있기를 원했고, 이는 공전의 히트 상품인 워크맨의 발명으로 이어졌다. 소비자들이 인식하지 못한 소비자 니즈를 파악하는 데 위에서 제시한 기법들이 도움이 될 것이다.